Sabine Bleumortier

Hilfe, ein Azubi kommt!
Was Azubibetreuer wissen müssen

Sabine Bleumortier

Hilfe, ein Azubi kommt! Was Azubibetreuer wissen müssen

Ein Wegweiser für Ausbildungsbeauftragte

2. Auflage 2016

Dr.-Ing. Paul Christiani GmbH & Co. KG

Bestell-Nr. 95555

ISBN: 978-3-86522-833-8

2. Auflage 2016

© 2016 by Verlag Dr.-Ing. Paul Christiani GmbH & Co. KG, Konstanz

Inhaltsverzeichnis

Was Sie über dieses Buch wissen sollten   **7**

1 Funktion Ausbildungsbeauftragter – Was bedeutet das für mich?   **11**

1.1	Gibt es ein Anforderungsprofil?	12
1.2	Was bringt mir das?	13
1.3	Welche Aufgaben habe ich?	15
1.4	Welche Weiterbildungsmöglichkeiten gibt es?	19
1.5	Checkliste „Funktion Ausbildungsbeauftragter"	20

2 Der Azubi kommt – Wie bereite ich mich vor?   **21**

2.1	Wie ticken unsere Auszubildenden?	21
2.2	Welche Gesetze und rechtlichen Themen muss ich beachten?	27
2.3	Wie organisiere ich den Praxiseinsatz konkret?	37
2.4	Was ist bei der Führung von Auszubildenden zu beachten?	45
2.5	Wie kann ich trotz Zeitdruck gut ausbilden?	47
2.6	Checkliste „Vorbereitung auf den Praxiseinsatz"	52

3 Kommunikation mit dem Auszubildenden – Wie führe ich Gespräche?   **55**

3.1	Wie stelle ich Vertrauen her?	55
3.2	Welche Grundlagen der Kommunikation sollte ich kennen?	60
3.3	Wie gebe ich richtig Feedback?	67
3.4	Was ist bei schwierigen Gesprächen zu beachten?	74
3.5	Wie führe ich ein Beurteilungsgespräch?	82
3.6	Checkliste „Kommunikation mit Auszubildenden"	94

4 Lehrmethoden – Wie bringe ich es dem Azubi bei?   **97**

4.1	Welche Lehrmethoden kann ich anwenden?	97
4.2	Welche Lerntypen gibt es?	106
4.3	Checkliste „Lehrmethoden"	111

5 Motivation – Motiviere ich den Auszubildenden oder mich?   **113**

5.1	Wie motiviere ich meinen Auszubildenden?	113
5.2	Wie motiviere ich mich selbst?	126
5.3	Checkliste „Motivation"	129

Und wie geht es weiter? 131

Über die Autorin 133

Abbildungsverzeichnis 135

Quellen- und Literaturverzeichnis 137

Was Sie über dieses Buch wissen sollten

Hatten Sie schon einmal ein Haustier? Egal ob Hund, Katze, Vogel, Maus oder ein anderes Tier? Dann sind Sie bestimmt nicht einfach losmarschiert und haben ganz spontan ein Haustier gekauft und mit nach Hause genommen. Von den ganz seltenen Fällen, in denen dies passiert ist und Sie morgens noch nicht wussten, dass Sie am Abend einen neuen Mitbewohner haben, wollen wir einmal absehen. Nein, Sie haben sich Bücher gekauft, sich bei Freunden erkundigt, im Internet recherchiert und sich ausführlich vorher über die Pflege, Ernährung und Betreuung des Tieres erkundigt. Dann folgten die notwendigen Einkäufe. So waren Sie dann bestens auf den neuen Mitbewohner vorbereitet.

Und nun mal ehrlich: Wenn ein neuer Auszubildender[1] in Ihre Abteilung kommt, haben Sie sich dann gewissenhaft und ausreichend auf diesen vorbereitet und sich auf ihn eingestellt? Sind Ihnen Ihre Aufgaben vom zuständigen Ausbilder ausführlich erklärt worden? Ein großes Lob an Sie und Ihr Unternehmen, wenn Sie diese beiden Fragen mit einem klaren Ja beantworten können.

Die Praxis sieht hier leider oft so aus, dass ein Azubibetreuer recht schnell und ohne große Informationen in seine Funktion „geworfen" wird. Und das kann dann schnell zu Unzufriedenheit und Demotivation beim Auszubildenden wie Ausbildungsbeauftragten führen.

Die Abbrecherzahlen in der dualen Berufsausbildung verheißen nichts Gutes: Jedes vierte Ausbildungsverhältnis[2] wird in den letzten Jahren vorzeitig gelöst. Die Ursachen dafür sind vielfältig: von gesundheitlichen Gründen bis zu falschen Berufswahlentscheidungen. Ein häufiger Grund sind auch Konflikte zwischen Ausbilder bzw. Ausbildungsbeauftragten und Auszubildenden. Da stellt sich natürlich die Frage: Was können ausbildende Fachkräfte in den Abteilungen tun, um dem frühzeitig entgegenzuwirken?

In einem meiner Seminare zur Ausbilderqualifizierung antwortete ein Ausbildungsbeauftragter auf meine Frage „*Wie zufrieden sind Sie mit Ihren Auszubildenden?*": „*Wenn ich nicht zufrieden bin, dann liegt es an mir!*" Erst verwunderte mich diese Aussage. Und ich kann dem Teilnehmer auch nicht zu 100 Prozent zustimmen. Denn wir können sicher nicht für jedes Verhalten der Auszubildenden verantwortlich gemacht werden. Es gibt immer wieder Situationen und Entwicklungen, beispielsweise im privaten Umfeld, auf die wir wenig Einfluss haben. Doch nach

---

1   Wenn im Folgenden die männliche Form verwendet wird, so dient dies der leichteren Lesbarkeit. Natürlich sind immer weibliche und männliche Personen in gleicher Art und Weise gemeint.

2   Berufsbildungsbericht 2016 des Bundesinstituts für Berufsbildung (24,6 %)

etwas Überlegung fand ich, dass schon etwas Wahres an dieser Aussage dran ist. Vieles liegt an uns und in der Art und Weise, wie wir mit unseren Auszubildenden umgehen. Und zwar von der ersten Begegnung an.

Und genau das war einer der Gründe, warum ich mich dazu entschlossen habe, dieses Buch zu schreiben. Die Funktion des Azubibetreuers ist im Lebensweg der Jugendlichen eine sehr wichtige und wird leider oft unterschätzt. Dabei kann diese ganz viel Spaß machen und Freude bereiten. Und auch die ausbildenden Fachkräfte selbst profitieren von dieser Tätigkeit. Mit diesem Ratgeber möchte ich daher allen Personen, die mit Auszubildenden zu tun haben, etwas in die Hand geben, das ihnen die Ausbildung und Betreuung erleichtert.

Der Ratgeber richtet sich an alle Personen, die Auszubildende in der Praxis betreuen, egal ob in einem Klein- oder Großunternehmen, ob im technischen, kaufmännischen oder sozialen Bereich. Ich habe bewusst auf größere Theorien und Konzepte verzichtet und werde nicht auf jedes Detail eingehen. Das Buch soll für alle Leser leicht lesbar und verständlich sein und Ihnen einen Überblick über die wichtigsten Themen der Azubibetreuung geben. Ich freue mich daher, wenn es Facharbeiter genauso spannend finden, wie Kaufleute oder Ingenieure. Mir geht es um Tipps, die leicht und gut in der Praxis umsetzbar sind. Viele Inhalte haben sich in meinen Inhousetrainings bereits bewährt. Gerne können Sie ein Thema noch weiter vertiefen. Hier verweise ich auf die entsprechende Fachliteratur. Erste Tipps hierzu finden Sie in den Literaturhinweisen am Ende des Buches.

Dabei verwende ich im Buch unterschiedliche Begriffe für die ausbildenden Fachkräfte. So spreche ich von Azubibetreuern, Ausbildungsbeauftragten oder Ausbildern. Hier sind immer die gleichen mit der Ausbildung betreuten Fachkräfte in den Fachabteilungen gemeint.

Ich zeige Ihnen auf, wie Sie zum Azubiflüsterer werden. Für mich sind dabei fünf Themen sehr wichtig, die alle Azubibetreuer kennen sollten. Folglich habe ich das Buch in fünf Kapitel eingeteilt. Wir starten im ersten Kapitel mit der Funktion des Ausbildungsbeauftragten und was diese bedeutet. Danach geht es um die Vorbereitung auf den Auszubildenden. Hier sind Kenntnisse über die junge Generation genauso wichtig, wie rechtliche Grundlagen und die Organisation des Arbeitsplatzes. Im dritten Kapitel werden wir uns mit der Kommunikation und Gesprächsführung mit Auszubildenden ausführlich beschäftigen. Auch die Lehrmethoden und Lerntypen dürfen nicht fehlen. Und dem letzten, dem fünften Kapitel, habe ich das Thema Motivation gewidmet. Motivieren Sie dabei den Auszubildenden oder sich selbst? Lassen Sie sich überraschen.

Nach jedem Kapitel finden Sie eine Checkliste für den schnellen Transfer in die Praxis. Dies mag in einzelnen Fällen auch dazu führen, dass Azubibetreuer nun auf ihre hauptamtlichen Ausbilder zugehen und weitere Informationen einfordern. Das ist so gewollt und ein wichtiger Schritt für eine gute Ausbildungsqualität in den Unternehmen. Zumal ich hier auf firmenspezifische Besonderheiten natürlich nicht eingehen kann und regelmäßige Treffen für einen Austausch unter den Ausbildungsbeauftragten oder weitere Qualifizierungsmaßnahmen für eine erfolgreiche Ausbildung notwendig sind.

Lesen Sie das Buch daher am besten Kapitel für Kapitel durch und bearbeiten Sie nach jedem Kapitel die Checkliste in Ruhe. Dann können Sie sich anschließend dem nächsten Kapitel widmen.

Natürlich kann das Buch die für eine Person in jedem Ausbildungsbetrieb pro Ausbildungsberuf vorgeschriebene Ausbildereignungsprüfung (AdA-Schein) nicht ersetzen. Das möchte ich auch gar nicht. Es geht mir um alle Ausbildungsbeauftragten, die neben ihren Aufgaben für ein paar Wochen einen Auszubildenden betreuen und keinen AdA-Schein haben. Aber selbst Mitarbeiter mit dieser Qualifikation können ihr Wissen mit diesem Buch auffrischen und finden vielleicht noch die ein oder andere neue Anregung.

Vielleicht haben Sie sich über meinen Beginn und die Frage nach Ihren Haustieren gewundert. Ich selbst bin immer mit Tieren aufgewachsen. Wir hatten Hunde, Vögel und ich hatte als Kind auch einmal Mäuse. Und ich liebe Tiere – insbesondere Hunde. Da ist die Vorbereitung ebenfalls nicht zu unterschätzen. Daher habe ich mich hier entschieden, Ihnen manches anhand der Hundeerziehung darzustellen. (Und alle Katzenliebhaber dürfen sich ebenso angesprochen fühlen. Da gilt das Gesagte im Prinzip genauso.) Diese Analogie wird Ihnen aus diesem Grund im Laufe des Buches noch öfters begegnen und macht einiges einfach klarer und einprägsamer, manchmal auch mit einem Augenzwinkern. Denn die Auszubildenden liegen mir sehr am Herzen.

Mein Motto ist, dass die betriebliche Ausbildung nur dann erfolgreich sein kann, wenn die Auszubildenden und die Ausbildungsbeauftragten gut ausgebildet sind. In diesem Sinne wünsche ich Ihnen viel Freude beim Lesen und Arbeiten mit diesem Buch – auf Ihrem Weg zum Azubiflüsterer.

Sabine Bleumortier
München im Juli 2016

1 Funktion Ausbildungsbeauftragter – Was bedeutet das für mich?

Wenn Sie sich einen Hund zulegen, müssen Sie sich natürlich vorher ganz genau überlegen, ob Sie diesen auch gut betreuen, den Auslauf sicherstellen können und ausreichend Zeit für ihn haben. Wer kümmert sich tagsüber um den Hund und passt er zu Ihrer Urlaubsplanung? Ein Hund zu Weihnachten mag gut gemeint sein, aber so manches Mal unüberlegt. Und wenn die Überraschung wirklich eine Überraschung und nicht abgesprochen war, ist ein Ende im Tierheim leider oft abzusehen. Hier gilt es, sich vorher zu informieren und abzusprechen.

Und wie kamen Sie zu Ihrer Funktion als Ausbildungsbeauftragter? Die Wege sind hier sehr unterschiedlich: Manche Mitarbeiter haben sich selbst gemeldet, andere wurden von Kollegen oder vom Vorgesetzten angesprochen, wieder andere einfach vom Chef benannt und manchmal gab es einfach niemand anderen. Wie auch immer, es ist vor allem wichtig, dass Sie sich der Bedeutung und Verantwortung dieser Aufgabe bewusst sind.

Denken Sie doch einmal an Ihre eigene Ausbildung zurück. Bei welchen Ausbildern waren Sie damals gerne? Welche mochten Sie nicht? Und warum? Was für einen entscheidenden Einfluss hatten diese Personen doch auf unsere Entwicklung – positiv wie negativ. Können Sie sich noch an Ihre Ausbildungs- oder Praktikantenzeit erinnern?

Heute möchte ich Sie ermutigen, in die eigene Vergangenheit zurück zu blicken. Nehmen Sie sich ein wenig Zeit und beantworten in Ruhe die folgenden Fragen.
- Was an Ihrer Ausbildung oder Ihrem Praktikum fanden Sie gut?
- Was hat Ihnen keinen Spaß gemacht?
- An welche Ausbildungsbeauftragten erinnern Sie sich noch gerne zurück?
- Von welchen Ausbildern haben Sie viel gelernt?
- Was war das, was manche gut und andere nicht so gut gemacht haben?

Und dann kommen Sie wieder in die Gegenwart zurück. Ich bin mir sicher, dass Ihnen die eine oder andere Antwort Impulse für die eigene Ausbildertätigkeit gibt.

1.1 Gibt es ein Anforderungsprofil?

Nicht jeder ist zum Hundehalter geboren. Genauso ist ebenfalls nicht jeder Mitarbeiter der richtige, um Auszubildende zu betreuen. Ich vermute aber, dass sich Ihre Führungskraft schon etwas dabei gedacht hat, Sie mit diesem Thema und der verantwortungsvollen Aufgabe zu betrauen. Fragen Sie bei Ihrem Vorgesetzten doch einmal nach, warum er gerade Sie benannt hat.

Es sind außerdem durchaus ein paar Vorgaben zu beachten: Mitarbeiter – und damit Ausbildungsbeauftragte, die selbst nicht hauptamtlicher Ausbilder (mit AdA-Schein) sind – können an der Ausbildung mitwirken. Also auch Sie als ausbildende Fachkraft. Dabei müssen Sie aber die für die Vermittlung von Ausbildungsinhalten erforderlichen beruflichen Fertigkeiten, Kenntnisse und Fähigkeiten besitzen und persönlich geeignet sein. Was diese persönliche und fachliche Eignung bedeutet, darauf gehe ich ausführlich in Kapitel 2.2 bei den rechtlichen Grundlagen ein.

Darüber hinaus kann jedes Unternehmen ein Anforderungsprofil für Ausbildungs-beauftragte für den eigenen Betrieb definieren. Standard sollte dabei eine abgeschlossene Ausbildung (eine fachspezifische Berufsausbildung und/oder ein Studium) sein. Zudem muss ein Ausbildungsbeauftragter über eine gewisse Fachkompetenz, Grundlagen der pädagogischen Kompetenz und Führungskompetenz verfügen. In der Übersicht auf der nächsten Seite werden die Bedeutungen der einzelnen Kompetenzen beschrieben.

Die Fachkompetenz muss auf alle Fälle vorhanden sein. Bei der pädagogischen Kompetenz und der Führungskompetenz sollten Grundlagen vorhanden sein. Diese können dann durch entsprechende Schulungsmaßnahmen weiter ausgebaut werden.

Ich halte nichts davon, einen Mitarbeiter als Ausbildungsbeauftragten zu benennen, der diese Aufgabe einfach nicht übernehmen möchte. Stellen Sie sich vor, Sie bekommen einen Hund und möchten diesen aber nicht. Wird der Hund bei Ihnen glücklich? Wohl eher nicht. Daher sollte auch ein Ausbildungsbeauftragter freiwillig bereit sein, diese Funktion zu übernehmen und vorher gefragt werden. Mancher muss vielleicht erst noch überzeugt werden von dem Nutzen dieser Tätigkeit. Darum wenden wir uns diesem Thema gleich als nächstes zu.

Fachkompetenz

- Über Fachkenntnisse und Berufserfahrung in den ausbildungsrelevanten Tätigkeiten des Ausbildungsbereiches (der Abteilung) verfügen
- Zusammenhänge und Hintergründe zu den einzelnen Prozess-/Arbeitsschritten und Schnittstellen kennen und aufzeigen können
- Berufserfahrung im Ausbildungsbetrieb besitzen (optimalerweise ca. 2–3 Jahre als Mitarbeiter)

Grundlagen der pädagogischen Kompetenz

- Wissen um die pädagogischen Grundsätze (zum Lehren und Unterweisen von Lehrinhalten)
- Methodenkompetenz
- Vermitteln von Arbeitstechniken
- Spaß bei der Arbeit mit Jugendlichen
- Fähigkeit Wissen und Erfahrung weiterzugeben
- Bereitschaft zur Weiterbildung in diesem Bereich

Führungskompetenz

- Kenntnis passender Führungsstile und -mittel und deren Anwendung
- Gute Kommunikationsfähigkeit für Feedback- und Beurteilungsgespräche
- Fähigkeit zur Motivation
- Wissen und Anwendung von Konfliktlösungsmethoden
- Vorbild vorleben
- Reflexions- und Kritikfähigkeit

1.2 Was bringt mir das?

Ja, was bringt es Ihnen, diese zusätzliche Aufgabe der Betreuung eines Auszubildenden zu übernehmen? Ich möchte sogar noch einen Schritt früher beginnen. Nämlich damit, warum Ihr Betrieb eigentlich ausbildet. Hier geht es sicher darum, Fachkräfte aus den eigenen Reihen auszubilden und den Nachwuchs damit selbst heranzuziehen. So ist Ihr Unternehmen unabhängig von der Ausbildung anderer Firmen. Die guten Unternehmenskenntnisse von Auszubildenden bei der Übernahme sind gegenüber externen Bewerbern nicht zu unterschätzen, abgesehen natürlich von der gesellschaftlichen Verantwortung und dem Imagegewinn. Ihr Betrieb profitiert von seinem Ausbildungsengagement und damit natürlich auch Sie als Mitarbeiter.

Was haben Sie von einem Haustier? Ist es bei der Hundehaltung die Gesellschaft, die Liebe zu Tieren, der Spielkamerad für die Kinder, die Freude an den gemeinsamen Spaziergängen oder einfach um einen Grund für die tägliche Bewegung zu haben? Da kommen sicher mehrere Gründe zusammen, die auch ganz unterschiedlich sein können.

Aber zuerst einmal profitieren Sie natürlich direkt, nämlich von der produktiven Mitarbeit und Leistung des Auszubildenden in der Abteilung. Auszubildende bringen neue Ideen und Erkenntnisse für die eigene Arbeit ein und die Arbeit mit Jugendlichen macht Spaß. Verkennen Sie die Vorschläge der Auszubildenden nicht. Zu meiner Zeit als Ausbildungsleiterin hatte ich Auszubildende, die Prämien für sehr gute Vorschläge über unser Vorschlagswesen erhalten haben. Manchmal sind es aber auch die kleinen Dinge in der Abteilung, die wir seit Jahren auf eine bestimmte Art und Weise machen. Und dann kommt ein Auszubildender und macht es plötzlich anders und alles geht viel schneller und vielleicht sogar besser!
Verkennen Sie nicht, wie bereichernd es für Sie selbst ist, Ihre Tätigkeit ausführlich zu erklären, bis ins letzte Detail. Vielleicht müssen Sie dabei sogar zu einem Thema mal neue Nachforschungen betreiben. Davon können Sie nur profitieren.
Denken Sie zudem an Ihre persönliche Weiterentwicklung durch diese Tätigkeit. Wenn Sie Auszubildende gut betreuen, besitzen Sie erste Führungserfahrung und zeigen, dass Sie mit der Doppelbelastung (eigener Aufgabenbereich und Azubibetreuung) zurechtkommen. Durch die damit erworbenen erweiterten Kompetenzen qualifizieren Sie sich für weitere Aufgaben. Und ganz abgesehen davon, hält der Umgang mit Jugendlichen einfach selbst jung und lässt uns offen für Neues bleiben.

Nicht zu unterschätzen sind noch indirekte Nutzen, die für Sie entstehen: Sie (und die gesamte Abteilung) machen mit der Betreuung des Auszubildenden Werbung für die eigene Abteilung und die Tätigkeiten – oder eben auch nicht. Wenn alle Auszubildenden, die eine Praxisphase bei Ihnen absolviert haben, nach der Ausbildung gerne in Ihrer Abteilung übernommen werden möchten, haben Sie alles gut gemacht. Wenn diese aber gerade nicht in Ihre Abteilung möchten, sollten Sie dringend darüber nachdenken. Mit einer guten Azubibetreuung können Sie sich Übernahmekandidaten für die Abteilung frühzeitig sichern und die Attraktivität Ihrer Abteilung steigern. Glauben Sie bloß nicht, dass es sich bei den Auszubildenden nicht herumspricht, in welchen Bereichen diese gut und wo sie nicht so gut betreut werden.

Falls Sie bisher noch nicht bei der Auswahl der Auszubildenden dabei waren, schlagen Sie dies doch Ihrem hauptamtlichen Ausbilder vor. Normalerweise wird der Nachwuchs zusammen mit Mitarbeitern aus den Fachbereichen ausgewählt. Hier können Sie dann mitentscheiden. Bitte nicht falsch verstehen. Ich fordere Sie hier nicht auf, bei allen Gesprächen dabei zu sein. Das wird schon aus zeitlichen

Gründen oft nicht möglich sein. Aber sich einen Tag im Jahr dafür Zeit zu nehmen, sollte möglich sein. Spätestens bei einem eventuellen Schnuppertag sind Sie sowieso wieder gefragt und können Werbung für Ihren Beruf, Ihre Abteilung und Ihr Untenehmen machen.

Das waren doch eine Menge Punkte, die durchaus von Nutzen für Sie sind, oder? Ihnen fallen noch mehr Vorteile ein? Nur zu. Machen Sie sich diese positiven Punkte bewusst und notieren Sie sich diese.

1.3 Welche Aufgaben habe ich?

So wie wir uns bei der Anschaffung eines Haustieres vorher informieren, welche Aufgaben nun auf uns zukommen, müssen auch ausbildende Fachkräfte wissen, wie die Betreuung des Auszubildenden im Praxiseinsatz aussehen sollte. Um zum Azubiflüsterer zu werden, sollten Sie Ihre Aufgaben genau kennen. Wenn ich Ausbildungsbeauftragte nach ihren Aufgaben frage, wird oft die fachliche Vermittlung der Ausbildungsinhalte genannt. Diese ist auch wichtig und ein Teil der Aufgabe. Ganz klar. Aber ich stelle immer wieder fest, dass die Betreuer in den Fachbereichen sich ihres Erziehungsauftrags viel weniger bewusst sind.

Dieser Erziehungsauftrag ist mit Änderung des Berufsbildungsgesetzes im Jahr 2005 zudem ganz klar im Gesetz geregelt. Denn der „Erwerb beruflicher Handlungsfähigkeit", so wie er im Paragrafen 1 des Berufsbildungsgesetzes festgeschrieben ist, beinhaltet neben der Vermittlung der fachlichen Kompetenzen auch die persönlichen und sozialen Kompetenzen.

Das ist nicht immer einfach. So erzählte mir einmal eine Ausbildungsbeauftragte, dass die bei ihr im Moment eingesetzte Auszubildende täglich mit einem viel zu weit ausgeschnittenem Oberteil in das Büro kommt. Manchen männlichen Mitarbeiter mag dies zwar erfreut haben, nur deren Blick ist sicher nicht mehr ins Gesicht der Auszubildenden gerichtet oder auf deren fachliche Beiträge. Die Mitarbeiterin war sich nun unsicher, ob es ihre Aufgabe ist, die Auszubildende auf das Kleidungsthema anzusprechen. Meine Antwort ist hier ganz klar: ja. Wenn sie es der Auszubildenden nicht sagt, wird es ihr niemand sagen. Und nicht jeder merkt solche Dinge von selbst. Wir haben an dieser Stelle einen Erziehungsauftrag. Meine Erfahrung mit dem Thema Kleidung ist übrigens, dass viele Auszubildende es einfach nicht anders wissen, da sie vorher noch von niemandem über die Wirkung aufgeklärt wurden. Oft sind sie froh über den einen oder anderen Hinweis.

Hier ist es also unsere Aufgabe, die persönliche Entwicklung eines Auszubildenden zu fördern und zu begleiten. Damit sehen wir, wie wichtig und verantwortungsvoll unsere Aufgabe ist. Ohne die Ausbildungsbeauftragten wäre eine qualitativ hochwertige Ausbildung in den Betrieben sowieso gar nicht möglich. Auch ich als Ausbildungsleiterin war früher immer auf die Azubibetreuer angewiesen. Da konnte ich einen noch so guten Job machen, ohne die engagierten Mitarbeiter in den Fachbereichen funktioniert Ausbildung nicht. Mit diesen steht und fällt eine gute und erfolgreiche betriebliche Berufsausbildung.

Der Ausbildungsbeauftragte ist
- Mitarbeiter in einer Ausbildungsabteilung im Fachbereich,
- Ansprechpartner für den Auszubildenden und die Ausbildungsabteilung/ Geschäftsleitung,
- zusätzlich zu seinem Aufgabenbereich mit den Ausbildungsaufgaben beauftragt,
- für die Sicherstellung der fachlichen Ausbildung und die persönliche Entwicklung des Auszubildenden in der Abteilung verantwortlich.

Die Bezeichnungen in den Unternehmen für diese Aufgabe sind unterschiedlich. Sehr gebräuchlich ist der Name Ausbildungsbeauftragter. Manchmal wird diese Funktion auch Abteilungsausbilder, Ausbildungsbetreuer oder Azubibetreuer, Azubibegleiter oder Azubicoach genannt.

Die Rolle des Ausbildungsbeauftragten hat sich in den letzten Jahren stark verändert: vom rein fachlichen Experten und Lehrer zum Berater, Coach, Mentor, Trainer, Motivator und Lernprozessbegleiter. Dies kann sogar bis zum Elternersatz gehen. Es steht nun nicht nur die Vermittlung von Fachwissen, sondern ebenso die Stärkung der persönlichen Entwicklung des Auszubildenden, die individuelle Beratung und Betreuung, im Vordergrund.
Dabei dürfen die Herausforderungen, vor denen viele Ausbildungsbetreuer heute stehen, nicht außer Acht gelassen werden. Dies beginnt bei der mangelnden Ausbildungsreife mancher Schulabgänger, geht über den Erfolgsdruck (nach dem Praxiseinsatz müssen dem Auszubildenden alle Inhalte vermittelt worden sein), die Doppelbelastung im Haupt- und Nebenjob bis zur Rollenvielfalt. Diese Rollen sind ihm oft gar nicht bewusst, sollten es aber sein, um die Wichtigkeit seiner Funktion zu erkennen. Ausbildung ist heute nicht mehr nur reine Wissensvermittlung, sondern immer mehr Vertrauensaufbau, Kommunikations- und Entwicklungsarbeit. Davon wird später noch ausführlich die Rede sein. Diese Aufgabe ist sicher nicht einfach und wird aus meiner Sicht leider oft unterschätzt.

Die Aufgaben eines Ausbildungsbeauftragten sind vielfältig. Ganz allgemein können diese in vier Bereiche eingeteilt werden. Dabei sind firmenspezifische Besonderheiten zu berücksichtigen, auf die hier nicht eingegangen werden kann.

Verantwortungsbereich
• Vermittlung der im betrieblichen Ausbildungsplan festgelegten Ausbildungsinhalte am Arbeitsplatz • Einhaltung der Arbeitssicherheitsbestimmungen • Betreuung der Auszubildenden (auch Aufsichtspflicht)
Organisatorische Themen
• Information der Kollegen über den Einsatz des Auszubildenden (Dauer, vorgegebene Ausbildungsinhalte etc.) • Sicherstellung eines geeigneten Arbeitsplatzes • Bereitstellung der erforderlichen Arbeits- und Ausbildungsmittel • Einführung des Auszubildenden in die Fachabteilung • Anhalten zur Führung von Ausbildungsnachweisen und Kontrolle dieser auf sachliche Richtigkeit (nach Möglichkeit wöchentlich) • Unterzeichnung der Ausbildungsnachweise • Benotung eventueller Berichte der Auszubildenden (Diplom- oder Bachelorarbeiten bei Studenten der Dualen Hochschule) • Ausfüllen des Beurteilungsbogens • Evtl. Unterzeichnung der Arbeitszeitnachweise • Evtl. Koordination der Durchlaufplanung in der Abteilung • Absprechen eventueller Urlaubstage des Auszubildenden, die in die Praxisphase fallen
Durchführung der Ausbildung
• Vermittlung der Ausbildungsinhalte (selbst oder mit Unterstützung weiterer Kollegen) • Übertragung von Aufgaben an die Auszubildenden, die dem Ausbildungszweck dienen und den körperlichen Kräften angemessen sind • Festlegung der relevanten Lernziele zusammen mit dem Auszubildenden • Einsetzen von Arbeits- und Lernerfolgskontrollen • Führen regelmäßiger Feedbackgespräche mit dem Auszubildenden • Führen des Beurteilungsgespräches • Weisungsbefugnis gegenüber zugeteiltem Auszubildenden • Achten auf die Einhaltung der einschlägigen Rechtsvorschriften, der Arbeitsordnung und evtl. Betriebsvereinbarungen • Vermittlung bei Konflikten • Beobachtung des sozialen Verhaltens des Auszubildenden und Förderung seiner persönlichen Entwicklung (Prinzip Fördern und Fordern) • Ansprechpartner für den Auszubildenden in allen Belangen, die den Abteilungseinsatz betreffen

---

Zusammenarbeit mit der Ausbildungsabteilung

- Information über Ablauf der Praxisphase und Rückmeldung über Besonderheiten, die den Ablauf oder den Auszubildenden betreffen
- Evtl. Mitarbeit bei der Erstellung bzw. Weiterentwicklung der betrieblichen Ausbildungskonzeption
- Teilnahme an Veranstaltungen für Ausbildungsbetreuer
- Evtl. Teilnahme als Beobachter an Auswahltagen bzw. an Vorstellungsgesprächen für neue Auszubildende
- Evtl. Mitwirkung in Prüfungsausschüssen

Diese Aufgaben können von Unternehmen zu Unternehmen unterschiedlich aufgeteilt sein. Wichtig ist, dass Ihnen zu Beginn Ihrer Tätigkeit ganz klar gesagt wird, wer für was zuständig ist. Wenn Sie hier bisher keine Informationen erhalten haben, fragen Sie bitte unbedingt nach und fordern eine Übersicht über Ihre Aufgaben ganz konkret ein.

Dies gilt auch für die Lernziele, d. h. die Ausbildungsinhalte, die dem Auszubildenden in Ihrer Abteilung übermittelt werden müssen. Diese ergeben sich aus der Ausbildungsordnung des jeweiligen Ausbildungsberufes. Auch hierüber muss Sie der Ausbildungsverantwortliche informieren. Sonst können Sie nicht wissen, welche Aufgaben Sie dem Auszubildenden vermitteln und erklären müssen. Dabei stellen die Inhalte der Ausbildungsordnung die mindestens zu vermittelnden Inhalte dar. Mehr dürfen Sie daher immer machen, nur weniger nicht. Lassen Sie sich die zu vermittelnden Inhalte schriftlich geben.

Übrigens gehört Ihre Aufgabe als Ausbildungsbeauftragter ebenfalls zu Ihrer eigenen Aufgabenbeschreibung dazu und muss im nächsten Mitarbeitergespräch dokumentiert werden. Sollte das bisher nicht der Fall sein, holen Sie dies nach. Ich wiederhole mich zwar, aber es ist mir wichtig: Die Funktion des Ausbildungsbeauftragten ist eine wichtige und verantwortungsvolle Aufgabe. Trotzdem höre ich leider immer wieder von Ausbildungsbeauftragten, dass diese Funktion gar nicht im Mitarbeitergespräch erwähnt wird – weder bei den Tätigkeiten des vergangenen Jahres, noch bei den zukünftigen. Teilweise wird einfach nicht daran gedacht, dies mit aufzunehmen. Aber manchmal sind es auch die Vorgesetzten, die meinen, dass „das da doch nicht rein müsse". Doch. Das muss dazu. Diese Aufgabe gehört in die Tätigkeitsbeschreibung und ins Mitarbeitergespräch. Und sie benötigt auch die Unterstützung und Wertschätzung des Vorgesetzten!

1.4 Welche Weiterbildungsmöglichkeiten gibt es?

Für so vieles im Leben müssen wir eine Ausbildung gemacht oder einen Kurs besucht haben. Und auch bei den Hunden gibt es den Hundeführerschein (auch wenn dieser im Moment nicht in jedem Bundesland Pflicht ist). Wenn Sie Lust haben, machen Sie doch den Test bei SPIEGEL ONLINE unter http://www.spiegel.de/quiztool/quiztool-61169.html mit 15 Fragen aus dem Hundeführerschein. Aber wenn es darum geht, einen Auszubildenden im Fachbereich zu betreuen, soll das von heute auf morgen und oft ohne jede weitere Einführung gehen. Das funktioniert in der Praxis nicht.

Mit den schon beschriebenen Aufgabendefinitionen und den Informationen zum Ablauf der Praxisphase, die Ausbildungsbeauftragte benötigen, ist es aber noch nicht getan. In den Betrieben kann ich nur empfehlen, regelmäßige Treffen oder Workshops unter den Ausbildungsverantwortlichen zu organisieren. Dann können diese sich austauschen, Tipps geben oder sich zu einem Thema fortbilden. Vielleicht lässt sich bei Ihnen ein Stammtisch organisieren?

Die Ausbildereignungsprüfung „Ausbildung der Ausbilder" ist für die Ausbildungs-beauftragten keine Pflicht, aber natürlich erhalten Sie hier viele Informationen, die Ihnen sicher weiterhelfen. Zumal alle Themen aus diesem Buch dort sehr aus-führlich besprochen werden und mehr ins Detail gehen. Und da dieser Kurs mit einer Prüfung abgeschlossen wird, haben Sie damit außerdem für Ihre persönliche Weiterentwicklung viel getan und ein Zertifikat in der Hand. Für interessierte Mit-arbeiter, die ihr Wissen im Ausbildungsbereich vertiefen möchten, können weitere Bausteine zur Qualifizierung auch die Fortbildung zum Lernprozessbegleiter, zum Aus- und Weiterbildungspädagogen oder zum Berufspädagogen nächste Schritte auf Ihrem Weg zum Azubiflüsterer sein.
Viele Kammern bieten inzwischen auch Kurse (ein- oder mehrtägig) für Ausbildungs-beauftragte an. Dies geht über Themen wie „Der Ausbilder als Coach", „Die junge Generation verstehen" bis zum Thema „Schwierige Gespräche führen".
Wenn in Ihrem Betrieb mehr als sechs Ausbildungsbeauftragte vorhanden sind, kann es sich auch lohnen, einen Trainer direkt in Ihr Unternehmen zu holen. Dieser führt dann ein Seminar nach Ihrem firmenspezifischen Bedarf und Ihren Wünschen durch. Dabei sollten Sie darauf achten, dass der Trainer sich auf die Zielgruppe Ausbildungsbeauftragte spezialisiert hat und Erfahrung im Ausbildungsbereich mitbringt.

Speziell für Ausbildungsbetreuer gibt es leider nicht viel Fachliteratur. Für den AdA-Schein und hauptamtliche Ausbilder finden Sie dagegen eine große Auswahl an Literatur auf dem Markt.

1.5 Checkliste „Funktion Ausbildungsbeauftragter"

Mit der folgenden Checkliste können Sie leicht überprüfen, wie gut Sie schon auf Ihre Aufgabe als Ausbildungsbeauftragter vorbereitet sind. Sehen Sie sich die folgenden Fragen genau an und kreuzen jeweils die auf Sie zutreffende Antwort an.

Wissen Sie, warum Sie als Ausbildungsbeauftragter benannt wurden?   ☐ ja   ☐ nein

Besitzen Sie die erforderlichen Kompetenzen (Fachkompetenz, pädagogische Kompetenz und Führungskompetenz)?   ☐ ja   ☐ nein

Können Sie den konkreten Nutzen nennen, den Ihnen die Azubibetreuung bringt?   ☐ ja   ☐ nein

Sind Sie sich Ihres Ausbildungs- und Erziehungsauftrages bewusst?   ☐ ja   ☐ nein

Sind Sie sich Ihrer Rolle als Ausbildungsbeauftragter bewusst?   ☐ ja   ☐ nein

Wissen Sie, für welche Aufgaben Sie verantwortlich sind?   ☐ ja   ☐ nein

Kennen Sie die Inhalte, die Sie dem Auszubildenden in Ihrer Abteilung vermitteln müssen?   ☐ ja   ☐ nein

Haben Sie Informationen zu Ihrer Aufgabe erhalten?   ☐ ja   ☐ nein

Ist Ihre Tätigkeit als Azubibetreuer auch im Mitarbeitergespräch dokumentiert?   ☐ ja   ☐ nein

Gibt es in Ihrem Unternehmen regelmäßige Treffen der Ausbildungsbeauftragten?   ☐ ja   ☐ nein

Möchten Sie sich weiter qualifizieren und Kurse für Azubibetreuer besuchen?   ☐ ja   ☐ nein

Haben Sie jetzt ein oder mehrmals ein „Nein" angekreuzt, sollten Sie bei diesen Punkten aktiv werden. Sie können dazu in diesem Kapitel nachlesen oder sprechen Ihren Vorgesetzten bzw. die Ausbildungsabteilung an.

Und wenn Sie hier (fast) immer ein „Ja" markiert haben, freue ich mich mit Ihnen. Das ist prima und eine gute Grundlage für Ihren Weg zum Azubiflüsterer.

2 Der Azubi kommt – Wie bereite ich mich vor?

Die Entscheidung ist gefallen. Ein Hund soll Ihr neuer Mitbewohner werden. Dann geht es erst richtig los. Welche Rasse passt zu Ihnen und Ihrer Familie? Gibt es rechtliche Themen zu beachten? Und was müssen Sie für die ersten Tage besorgen? Fragen über Fragen, die für eine optimale Vorbereitung und ein anschließendes gutes Miteinander beantwortet werden müssen.

Und so ist es auch nachdem Sie als Ausbildungsbeauftragter benannt wurden. Nun wird es konkret. Dabei sorgt eine professionelle Vorbereitung dafür, dass sich Ihr Auszubildender vom ersten Tag an gut bei Ihnen aufgehoben und betreut fühlt.

2.1 Wie ticken unsere Auszubildenden?

Wenn wir uns für ein Haustier wie einen Hund oder eine Katze entscheiden, dann sollten wir uns vorab genau über die Rasse informieren. Jede Rasse bringt unterschiedliche Eigenschaften mit sich, auf die wir uns dann einstellen können. So ist z. B. der Golden Retriever eine freundliche und geduldige Hunderasse, die jeden Fremden freudig begrüßt. Rottweiler dagegen sind gute Wach- und Schutzhunde, die viel Auslauf benötigen.
Genauso ist es auch mit unseren Auszubildenden. Manchmal habe ich das Gefühl, dass sich Ausbildungsbeauftragte gar keine Gedanken über Jugendliche, die junge Generation und deren Werte, Sorgen und Wünsche machen. Da heißt es dann schnell: Mein Azubi, das unbekannte Wesen. Dabei kommt der Auszubildende nicht vom „anderen Stern".

Natürlich ist jeder Auszubildende als Individuum zu sehen. Jeder Hund hat ja auch seine speziellen Eigenheiten. Dennoch gibt es einige Eigenschaften, die typisch für die heutige junge Generation sind und die viele Jugendliche gemeinsam haben. Das sollten wir wissen und einen Einblick dazu bekommen Sie nun in diesem Kapitel.

Aufgewachsen mit Laptop und Internet, sind den Auszubildenden heute das langwierige Schreiben eines Briefes mit der Schreibmaschine und das Warten auf ein Buch zur Ausleihe in der Bibliothek eher fremd. Etwa 1980 änderte sich mit den zahlreichen neuen technischen Entwicklungen, die unser Leben so verändert haben, vieles. Es wird hier zwischen den Digital Natives (nach 1980 geboren) und den Digital Immigrants (vor 1980 geboren) unterschieden. So finden wir heute fünf Generationen in der Arbeitswelt vor, wie Sie in der Abbildung 1 erkennen können.

Allerdings möchte ich gleich darauf hinweisen, dass diese Unterteilung auch umstritten ist. Wir sollten aber verstehen, dass unsere Auszubildenden in einem anderen Umfeld aufgewachsen sind als frühere Generationen (und vielleicht auch wir selbst). Daher bringen sie so manche veränderte Einstellung und Sichtweise mit. Das zu verstehen ist mir wichtig und wird Sie auf dem Weg zum Azubiflüsterer unterstützen.

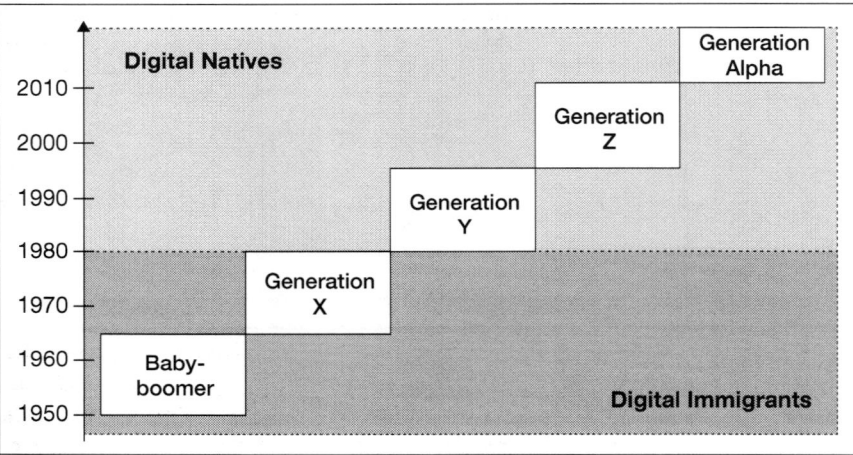

Abb. 1: 5 Generationen in der Arbeitswelt

Wenn wir uns mit aktuellen Studien zur Generation Y und der folgenden Generation Z beschäftigen, sind acht Eigenschaften zu erkennen, die die Jugendlichen im Moment auszeichnen, auf die ich jetzt etwas genauer eingehen möchte. Dabei schildere ich auch die Unterschiede zwischen der Generation Y und Z.

1. Optimismus
Im Wohlstand aufgewachsen (ohne einen Krieg in unserem Land fürchten zu müssen), blickt über die Hälfte der Jugendlichen heute optimistisch in die Zukunft und ist recht zuversichtlich. Dabei ist die Gruppe der Auszubildenden deutlich die Gruppe mit der größten Zufriedenheit. Hier kommt allen die demografische Entwicklung entgehen. Nachwuchs wird händeringend gesucht und Auszubildende, die sich ihren Ausbildungsplatz aussuchen können, sind keine Seltenheit mehr. Das ist immer mehr auch den Jugendlichen bewusst. Die Grundhaltung des Optimismus weicht bei der nachfolgenden Generation Z wohl einem gewissen Realismus. Denn in der Arbeitswelt trifft die Generation noch zu oft auf veraltete Strukturen. Die Generation Z hat erlebt, dass der Generation Y ihr großer Optimismus und die

hohen Erwartungen an die Arbeitswelt nicht viel gebracht haben. Dennoch sind auch diese Jugendlichen optimistisch, wie die Shell-Studie 2015 erneut bestätigt hat. Oft wird die Generation auch als sehr – vielleicht zu sehr – anpassungsbereit beschrieben. Die Denke „Du musst nicht die Welt ändern." herrscht vor.

2. Leistungsorientierung

Die Schüler sind motiviert, möchten etwas leisten und fleißig wie ehrgeizig sein. Sie sind sich bewusst, dass man heute wissen muss was man will, um erfolgreich zu sein. Viele fühlen sich stark unter Druck und sind sehr auf ihren Schulabschluss orientiert. Dabei sind sie nicht mehr bereit, im Interesse eines bedingungslosen Strebens nach Erfolg alles einer Karriere zu opfern, sondern möchten mit gleicher Intensität das Leben genießen. Die Generation Z lässt sich hier anscheinend nicht mehr so stark unter Druck setzen. Fleißig sein ist immer noch ein hoher Wert, aber es wird ihr mehr Flatterhaftigkeit zugesprochen. Wenn den typischen Vertretern die Tätigkeit, Firma oder der Partner nicht mehr zusagt, wechseln sie einfach.

3. Leben genießen

Ebenso wichtig wie etwas zu leisten ist es, das Leben zu genießen. Dies gilt für die Ausbildung wie für die Freizeit. Der Spaßfaktor bei der Ausbildung ist wichtig. Fehlt dieser, führt dies zu Demotivation und nachlassendem Engagement. Jugendliche, die eine Ausbildung absolvieren, nur damit sie eine berufliche Grundlage haben oder weil die Eltern das möchten (wie in anderen Generationen), findet man heute immer seltener. Noch verstärkt wird das bei der Generation Z mit dem YOLO-Gedanken (You only live once). Die Jugendlichen möchten für sich selbst das Beste mit dem größten Nutzen herausholen (egal ob im Job oder im privaten Umfeld).

4. Familienorientierung

Es herrscht heute wieder eine eher traditionelle und teilweise auch konservative Einstellung – was die Aufgabenverteilung innerhalb der Familie betrifft – vor. Familie und Freunde sind für ein glückliches Leben wichtig und erstrebenswert. Es gibt den Wunsch nach einem sorglosen, verlässlichen und bürgerlichen Leben (eine Familie mit zwei Kindern mit Haus und Hund…) und nach Sicherheit – innerhalb der Familie und beim Arbeitsplatz. Dabei sind die Jugendlichen nicht mehr bereit, dem Berufsleben alles zu opfern und die Familie hinten anzustellen. Leistung, während der Arbeitszeit einer 35 oder 40 Stundenwoche wird gezeigt, aber nicht mehr. Übrigens ein Thema, welches viele andere Generationen sich natürlich ebenso gewünscht hätten – mehr Zeit für die Familie und die eigenen Kinder aufwachsen sehen, aber sie haben sich nicht getraut, diese Forderung zu stellen und sie auch durchzusetzen. Dazu gleich mehr.

5. Hedonismus (= Bedürfnis nach sofortiger Bedürfnisbefriedigung)

Heute kann ich jede beliebige Information schnell im Internet finden. Eine Bestellung wird schon am nächsten Tag geliefert, Amazon liefert teilweise schon am selben Tag einer Bestellung. Und zukünftig klopft wahrscheinlich die Drohne an unser Fenster. Wozu also noch Geduld haben? Diese fehlt immer mehr. Bedürfnisse müssen sofort befriedigt werden. Auch das Abwarten fällt vielen schwer. Sich in ein Thema bis ins Detail einzuarbeiten ist nicht einfach. Alles muss schnell gehen. So sind schnelle Rückmeldungen (Feedback) gefordert.

6. Unabhängigkeit

Die junge Generation betont ihre Unabhängigkeit und Eigenverantwortung. Sie möchten flexibel bleiben, ihre eigenen Ziele verwirklichen und selbstbestimmt leben. Die Bindung zum Arbeitgeber ist geringer, als bei früheren Generationen. Sie möchten nicht abhängig von anderen Personen oder auch Arbeitgebern sein. Diese Generation wechselt schnell mal den Arbeitgeber, wenn sie das Gefühl hat, in einem anderen Job kann sie sich mehr verwirklichen. Trotzdem – dies mag auf den ersten Blick vielleicht verwundern – ist der Wunsch nach Sicherheit (einem sicheren Ausbildungs- oder Arbeitsplatz) ein sehr großer. Sicherheit ja, aber ich selbst möchte entscheiden, wann ich das Unternehmen verlasse.

7. Anspruchsdenken

Ansprüche an den Betrieb (an die Betreuung, Work-Life-Balance usw.) werden von Beginn an gestellt. Und daher haben viele gerade mit dieser Eigenschaft so ihre Probleme. Diese birgt ein gewisses Konfliktpotenzial. Es herrscht der Grundgedanke, dass, wenn ich mich für ein Unternehmen entschieden habe, dieses mir nun etwas bieten muss. Spannende Aufgaben und eine Diskussion auf Augenhöhe mit allen Mitarbeitern im Unternehmen (auch der Geschäftsführung) werden gefordert. Die Generation Z sieht sich von Beginn an gleichberechtigt allen Mitarbeitern im Betrieb gegenüber (Geschäftsführung inklusive) und eckt mit dieser Einstellung oft an. Der Grund dafür ist klar, denn andere Generationen sind viel mehr im hierarchischen Denken aufgewachsen und haben sich zum Berufsbeginn erst einmal zurückgehalten. Auf der anderen Seite kann es von Vorteil sein, wenn Auszubildende sich trauen eigene Ideen gleich einzubringen. Oftmals sind diese ja durchaus gut. In manchen Studien werden die Jugendlichen auch als „Generation Why" bezeichnet. Sie stellen alles infrage, möchten den Sinn erklärt bekommen und verstehen. Es werden hohe Ansprüche gestellt, Kritik aber schwer angenommen und eher vermieden.

8. Vernetzung

Aufgewachsen mit Internet und Handy verfügen die Jugendlichen über einen sehr hohen globalen Vernetzungsgrad, der täglich genutzt wird. Technisch gewandt können sie gekonnt mit Informations- und Kommunikationstechnologien sowie sozialen Netzwerken umgehen. Das Smartphone ist der „Nabel zur Welt".

Was bedeuten diese Eigenschaften nun für Sie als Ausbildungsbeauftragte? Sie dürfen sich gerne zu jedem der acht Punkte einmal selbst notieren, welche Ideen Sie dazu haben. Im Verlauf des Buches werde ich noch auf viele Themen zu sprechen kommen. Hier nur die wichtigsten Handlungsempfehlungen, um die Werte der Generationen Y und Z zu berücksichtigen.

Optimismus	• Sind Sie selbst optimistisch (aber bleiben realistisch und ehrlich). • Zeigen Sie Zukunftschancen auf. • Sorgen Sie für ein gutes Betriebsklima.
Leistungs-orientierung	• Fördern Sie Auszubildende individuell. • Und fordern Sie Ihre Auszubildenden.
Das Leben genießen	• Lachen Sie gemeinsam. • Feiern Sie Erfolge.
Familien-orientierung	• Sorgen Sie für die Einhaltung der Arbeitszeiten. • Interessieren Sie sich auch für Privates. • Feste Strukturen und Abläufe geben Sicherheit.
Hedonismus	• Geben Sie regelmäßig Feedback und zeigen Verbesserungspotenzial auf. • Reagieren Sie schnell.
Unabhängig-keit	• Definieren Sie Handlungsspielräume. • Geben Sie klare Zielvorgaben.
Anspruchs-denken	• Kommunizieren Sie auf Augenhöhe mit Ihren Auszubildenden. • Fordern Sie Auszubildende auf, eigene Vorschläge zu machen. • Beantworten Sie die Frage nach dem Sinn einer Aufgabe oder Tätigkeit.
Vernetzung	• Integrieren Sie moderne Kommunikationsmittel in die Ausbildung. • Nutzen Sie das Wissen der Auszubildenden.

Auch ein Blick auf die Erwartungen der Jugendlichen lohnt sich. Auszubildende erwarten, respektvoll behandelt und ernst genommen zu werden. Wir nicht auch? Die Ausbildung soll Spaß machen und dabei auf die Prüfung vorbereiten. Ein

Azubibetreuer, der sich um die Auszubildenden kümmert und regelmäßig Feedback gibt, ist wichtig. Die spannenden Ergebnisse einer Studie des Niedersächsischen Industrie- und Handelskammertags aus dem Jahr 2012 zu den für Schüler wichtigsten Erwartungen können Sie sich in der folgenden Abbildung genauer ansehen. Daran hat sich auch in den letzten Jahren nichts verändert.

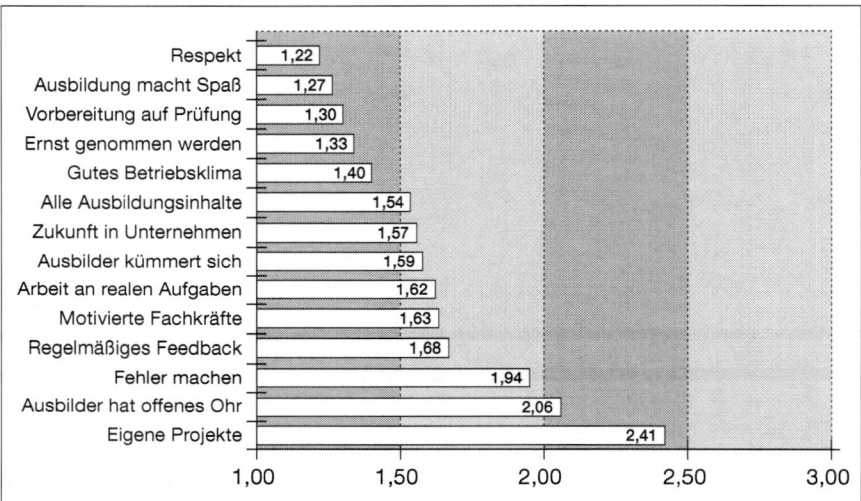

Abb. 2: Was Jugendliche von Unternehmen erwarten
Studie 2012 vom Niedersächsischen Industrie- und Handelskammertag (NIHK)
– Mittelwert Wichtigkeit von 1 bis 5

Diese Erwartungen sollten allen ausbildenden Fachkräften bewusst sein. So können Sie sich darauf einstellen und zu einer gelungenen Ausbildung beitragen.

Die Generation Z hat also ihre durchaus positiven Seiten, ebenso wie andere Generationen. Mir ist es an dieser Stelle sehr wichtig, darauf hinzuweisen, dass wir den größten Erfolg sicher dann haben werden, wenn wir gegenseitig Verständnis füreinander zeigen und voneinander profitieren. Ganz plakativ gesagt: Die Jungen können viel von den Alten lernen. Die Alten können viel von den Jungen lernen. Die Zusammenarbeit in Zukunft wird nur mit einem Miteinander und nicht mit einem Gegeneinander funktionieren.

2.2 Welche Gesetze und rechtlichen Themen muss ich beachten?

Auch Hundebesitzer müssen sich vorab über rechtliche Vorgaben informieren. Und das ist gar nicht so einfach, da es in den einzelnen Bundesländern unterschiedliche Regelungen dazu gibt. So ist teilweise der oben schon angesprochene Hundeführerschein Pflicht. Von den meisten Gemeinden wird Hundesteuer erhoben und der Hund ist anzumelden. Zudem gibt es an verschiedenen Orten Leinenzwang, eventuell muss der Hund einen Maulkorb tragen usw. Hier kann ich nur empfehlen, sich die entsprechenden Vorschriften des jeweiligen Bundeslandes gut vorher durchzulesen und diese zu beachten.
Genauso sollten sich natürlich alle Betreuer von Auszubildenden über die rechtlichen Rahmenbedingungen für die Praxiseinsätze informieren. Sie müssen wissen, welche Rechte und auch Pflichten Sie gegenüber dem Auszubildenden haben.

Sicher haben Sie schon gehört, dass in der Bundesrepublik Deutschland nach dem Dualen System ausgebildet wird. Das bedeutet: die Berufsausbildung findet im Betrieb und in der Berufsschule (daher der Begriff „dual") statt.
Die Berufsschule stellt ihren Stundenplan nach den vorgegebenen Rahmenlehrplänen zusammen. Sie muss die Schulgesetze der jeweiligen Kultusministerien der Bundesländer beachten. Die Ausbildungsbetriebe dagegen bilden auf Grundlage einer bundeseinheitlichen Ausbildungsordnung und des Berufsbildungsgesetzes aus. Dadurch kann der Berufsschulunterricht von einem Bundesland zum nächsten durchaus abweichen. Das erkennen Sie schon ganz einfach an den Fächern Sport und/oder Religion, die nicht in allen Bundesländern unterrichtet werden. Die betriebliche Ausbildung wird jedoch deutschlandweit nach der gleichen Rechtsvorschrift durchgeführt.

Auf die wichtigsten Gesetze und für die betreuenden Fachkräfte relevanten Themen gehe ich im Folgenden ein. Wenn Sie mehr dazu wissen möchten, können Sie die kompletten Gesetzestexte und den genauen Wortlaut gerne im Internet unter http://www.gesetze-im-internet.de/ nachlesen.

Berufsbildungsgesetz (BBiG)
Für die Berufsausbildung ist das Berufsbildungsgesetz die erste wichtige Grundlage. Hier geht es unter anderem um den Ausbildungsvertrag, die Rechte und Pflichten für Ausbilder und Auszubildende, das Ende der Berufsausbildung, das Prüfungswesen und Bußgeldvorschriften.

Ziel der Berufsausbildung ist es nach Paragraph 1 (3) „*... die für die Ausübung einer qualifizierten beruflichen Tätigkeit in einer sich wandelnden Arbeitswelt notwendigen beruflichen Fertigkeiten, Kenntnisse und Fähigkeiten (berufliche Handlungsfähigkeit) in einem geordneten Ausbildungsgang zu vermitteln.*" Es geht dementsprechend um die berufliche Handlungsfähigkeit, die neben den fachlichen Kenntnissen auch alle sozialen Kompetenzen mit einschließt. Ihr Auszubildender soll handlungsfähig werden und nach der Ausbildung den erlernten Beruf selbstständig ausüben können. Das ist das große Ziel. Und das kann er natürlich nur erreichen, wenn er schon während der Ausbildungszeit aktiv mitarbeitet. Nur Zusehen hilft hier nicht weiter. Dies wird uns in Kapitel 4 beim Thema Lehrmethoden noch genauer beschäftigen.

Wenn Sie Auszubildende bei sich in der Abteilung haben, ist es selbstverständlich wichtig zu wissen, welche Pflichten der Auszubildende hat und welche Sie als Ausbildender bzw. Ausbildungsbeauftragter. Dies ist in den Paragraphen 13 bzw. 14ff. beschrieben. Sehen Sie sich gleich die Übersicht zu den Pflichten des Auszubildenden an.

Pflichten des Auszubildenden
• Lernpflicht • Sorgfaltspflicht • Teilnahmepflicht an Ausbildungsmaßnahmen • Pflicht, den Weisungen zu folgen • Pflicht, die geltende Ordnung der Ausbildungsstätte zu beachten • Pflicht, mit dem Arbeitsmaterial pfleglich umzugehen • Pflicht, über das Stillschweigen von Betriebs- und Geschäftsgeheimnissen

Umgekehrt sind diese Pflichten natürlich Ihre Rechte als Ausbildungsbeauftragter, die Sie vom Auszubildenden einfordern dürfen.

Nicht nur der Auszubildende hat Pflichten – auch der Ausbildungsbetrieb. Für einige dieser Pflichten sind Sie als Azubibetreuer während eines Praxiseinsatzes mit verantwortlich.

Pflichten des Ausbilders
• Pflicht, die berufliche Handlungsfähigkeit zu vermitteln, die zum Erreichen des Ausbildungsziels erforderlich ist • Pflicht, Arbeitsmittel während des Praxiseinsatzes kostenlos zur Verfügung zu stellen • Pflicht, den Auszubildenden zum Besuch der Berufsschule anzuhalten und ihn hierfür freizustellen • Pflicht, den Auszubildenden zum Führen der Ausbildungsnachweise anzuhalten und diese durchzusehen • Pflicht, nur Aufgaben an den Auszubildenden zu übertragen, die dem Ausbildungszweck dienen und zudem seinen körperlichen Kräften angemessen sind (Fürsorgepflicht) • Pflicht, den Auszubildenden charakterlich zu fördern sowie sittlich wie körperlich nicht zu gefährden (erweiterte Fürsorgepflicht)

Selbst wenn Sie den Auszubildenden noch so gerne im Betrieb hätten oder er einmal keine Lust hat, in die Berufsschule zu gehen, muss er von Ihnen für die Berufsschule freigestellt und dort hingeschickt werden.

Die Probezeit ist für den Auszubildenden die Zeit, in der er klären kann, ob der Beruf der richtige für ihn ist. Auf der anderen Seite kann und sollte der Betrieb diese Phase nutzen, um abzuklären, ob der Auszubildende auch geeignet ist. Daher ist es sinnvoll, dass in der Probezeit von beiden Seiten ohne Einhalten einer Kündigungsfrist jederzeit gekündigt werden kann. Die Dauer dieser Probezeit ist im Ausbildungsvertrag festgelegt. Sie muss nach dem Berufsbildungsgesetz mindestens einen Monat und darf maximal vier Monate betragen.
Anschließend ist die Kündigung eines Auszubildenden nicht mehr so einfach. Das Ausbildungsverhältnis schützt den Auszubildenden in besonderem Maße und lässt eine Kündigung durch den Ausbildungsbetrieb nur noch aus wichtigem Grund zu. Ein wichtiger Grund ist dann gegeben, wenn dem Betrieb eine Fortsetzung des Ausbildungsverhältnisses nicht mehr zugemutet werden kann. Dies könnte bei einem schweren Diebstahl oder grober Störung des Betriebsfriedens der Fall sein. Ein unentschuldigtes Fehlen in der Berufsschule oder das Nichtschreiben der Ausbildungsnachweise müssten zuerst schriftlich abgemahnt werden. Damit wird dem Auszubildenden die Möglichkeit gegeben, sein Verhalten zu verändern. Steht eine Kündigung im Raum, sind immer der Einzelfall und ebenso der Fortschritt der Ausbildung zu betrachten. Es ist wichtig, dass Sie im Fachbereich entsprechende

Vorkommnisse ausreichend von Anfang an dokumentieren (Datum, Uhrzeit, Vorfall). Ohne diese Dokumentation wird eine Abmahnung nicht möglich sein. Daher kommt Ihnen hier eine bedeutende Rolle zu.

Und noch ein Hinweis zum Thema der Weiterarbeit nach Ausbildungsende. Hat ein Auszubildender seine mündliche bzw. praktische Prüfung bestanden und kommt am nächsten Tag zu Ihnen in die Abteilung, bekommt Aufgaben zugewiesen und arbeitet, obwohl er keinen Arbeitsvertrag hat, so ist damit automatisch ein unbefristeter Arbeitsvertrag geschlossen. Dies ergibt sich aus dem Paragraphen 24 BBiG. Früher dachte ich immer, in der Praxis kommt das doch nicht vor. Aber da wurde ich eines besseren belehrt. Inzwischen kenne ich einige Fälle, wo genau dies passiert ist. Dabei war gar keine oder eine befristete Übernahme geplant. Die Konsequenz hat dann den ehemaligen Auszubildenden sicher gefreut, den Betrieb weniger. Wenn Sie unsicher sind, halten Sie Rücksprache mit Ihrem Ausbildungsverantwortlichen.

Das Berufsbildungsgesetz gibt weiter vor, welche Voraussetzungen Sie erfüllen müssen, wenn Sie Auszubildende betreuen. Und zwar müssen Sie persönlich und auch fachlich für diese Aufgabe geeignet sein. Was bedeutet das im Detail?

Voraussetzungen für die persönliche Eignung

- Sie dürfen Kinder und Jugendliche beschäftigen.
  Das dürfen Sie nach dem Paragraphen 25 im Jugendarbeitsschutzgesetz nicht, wenn Sie z. B. *„wegen eines Verbrechens zu einer Freiheitsstrafe von mindestens zwei Jahren"* verurteilt wurden oder eine Straftat nach dem Betäubungsmittelgesetz, dem Gesetz zur Verbreitung jugendgefährdender Schriften oder sexuellen Missbrauch begangen haben.
- Es sind keine charakterlichen, sittlichen, körperlichen oder sonstige Gefährdungen von Auszubildenden zu erwarten.
- Es liegt kein schwerer oder wiederholter Verstoß gehen das BBiG vor. Ebenso kein Verstoß gegen die aufgrund des BBiG erlassenen Vorschriften und Bestimmungen. Ein Beispiel wäre die dauernde Beschäftigung eines Auszubildenden mit ausbildungsfremden Tätigkeiten, sodass davon ausgegangen werden muss, dass der Auszubildende das Ausbildungsziel nicht erreicht.

Manche Ausbildungsbetriebe fordern zur Klärung der persönlichen Eignung ein erweitertes Führungszeugnis von Ihren ausbildenden Fachkräften an.

Voraussetzungen für die fachliche Eignung
• ein erfolgreicher Abschluss in einer dem Ausbildungsberuf entsprechenden Fachrichtung oder • ein Universitätsabschluss und eine angemessene Zeit praktische Berufstätigkeit oder • ein Ausbildungsabschluss und eine angemessene Zeit praktische Berufstätigkeit

Ein Friseur könnte damit verständlicherweise keine Elektroniker ausbilden. Das wäre sicher auch nicht sinnvoll.

Es ist sicher von Vorteil, wenn Sie noch die Prüfung zum Ausbilder der Ausbilder (AdA-Schein) abgelegt haben. Dies ist aber nicht für jeden Mitarbeiter, der Auszubildende betreut, Pflicht. Übrigens verfügen viele Meister über diese Ausbildungsberechtigung, da diese in die Meisterprüfung integriert ist.
Im Ausbildungsbetrieb muss pro Standort und Beruf ein Ausbilder vorhanden sein, der den AdA-Schein vorweisen kann. Dies betrifft damit aber nicht alle Azubibetreuer. Eine Ausnahme gibt es allerdings: Wenn Ihr Unternehmen in den fünf Jahren begonnen hat auszubilden, in denen die Ausbilder-Eignungsverordnung außer Kraft gesetzt war und es in dieser Zeit keine Probleme in der Ausbildung gab. Diese Betriebe dürfen weiterhin ausbilden, ohne eine Person mit AdA-Schein an die zuständige Kammer melden zu müssen. Die Verordnung gilt wieder seit dem 1. August 2009.

Ein Verstoß gegen diese sicher sinnvollen Vorschriften des Berufsbildungsgesetzes stellt eine Ordnungswidrigkeit dar, die mit einer Geldbuße bis zu 5.000 € bestraft werden kann.

Für alle Leser, die Duale Studenten ausbilden, die nicht zugleich einen Ausbildungsvertrag haben, sondern ausschließlich einen Vertrag mit einer Dualen Hochschule, weise ich darauf hin, dass das Berufsbildungsgesetz für diese Gruppe nicht gilt. Allerdings enthält der Vertrag der Dualen Hochschulen viele Punkte, die denen des Berufsbildungsgesetzes entsprechen.

Jugendarbeitsschutzgesetz (JArbSchG)
Wenn Sie Auszubildende in Ihrer Abteilung betreuen, die noch keine 18 Jahre alt sind, muss das Jugendarbeitsschutzgesetz beachtet werden. Nachfolgend erkläre ich die wichtigsten Punkte.

Die Dauer der Arbeitszeit ist im Paragraphen 8 des Jugendarbeitsschutzgesetzes geregelt: Und zwar dürfen unter 18-Jährige Auszubildende „... *nicht mehr als acht Stunden täglich und nicht mehr als 40 Stunden wöchentlich beschäftigt werden.*" Jugendliche dürfen maximal achteinhalb Stunden am Tag beschäftigt werden, wenn in derselben Woche die Arbeitszeit an anderen Tagen entsprechend verkürzt wird. Pro Woche sind damit nicht mehr als 40 Arbeitsstunden erlaubt.

In Zusammenhang mit Berufsschultagen ist es wichtig zu wissen, dass Jugendliche an einem Unterrichtstag, der vor 9 Uhr startet, nicht vorher im Betrieb arbeiten dürfen. Ebenso dürfen Auszubildende einmal pro Woche an Berufsschultagen mit mehr als fünf Unterrichtsstunden (eine Unterrichtsstunde entspricht mindestens 45 Minuten) nicht beschäftigt werden. Eine Beschäftigung im Betrieb bei Blockunterricht von mindestens 25 Stunden in der Woche ist nicht zulässig.
Berufsschultage (mit mehr als 5 Unterrichtsstunden) werden auf die Arbeitszeit mit 8 Stunden am Tag angerechnet.

Jugendliche Auszubildende sind nach Paragraph 10 Jugendarbeitsschutzgesetz *„an dem Arbeitstag, der der schriftlichen Abschlussprüfung unmittelbar vorangeht, freizustellen"*. Einige Tarifverträge erweitern diese Freistellungspflicht auf alle Auszubildenden. Damit können sich die Auszubildenden voll auf die anstehende Prüfung konzentrieren und haben am Tag vor der Abschlussprüfung frei.

Was viele Betriebe nicht wissen: Die Ruhepausen für minderjährige Auszubildende müssen im Voraus feststehen (§ 11 JArbSchG) und *„Beginn und Ende der regelmäßigen Arbeitszeit und der Pausen der Jugendlichen an geeigneter Stelle im Betrieb"* aushängen (§ 48 JArbSchG). Wissen Sie, wo dieser Aushang in Ihrem Betrieb zu finden ist?
Weiter müssen Pausen für Minderjährige nach dem Paragraphen 11 Jugendarbeitsschutzgesetz mindestens
• 30 Minuten, wenn die Arbeitszeit mehr als viereinhalb und maximal sechs Stunden beträgt, oder
• 60 Minuten, wenn die Arbeitszeit mehr als sechs Stunden beträgt,
betragen. Mit diesen 60 Minuten Pausenzeit haben jugendliche Auszubildende damit in den meisten Betrieben länger Pause als die Mitarbeiter. Dem ist so und davon darf auch nicht abgewichen werden.
Übrigens gilt erst eine Unterbrechung der Arbeit von mindestens 15 Minuten als Pause. Zwischen dem Ende eines Arbeitstages und dem Beginn des nächsten müssen mindestens 12 Stunden ununterbrochene Freizeit liegen (§ 13 JArbSchG). Weder an Samstagen noch an Sonntagen dürfen Minderjährige beschäftigt werden.

Im Paragraphen 14 des Jugendarbeitsschutzgesetztes ist zudem festgelegt, dass Auszubildende unter 18 Jahren nur im Zeitraum von 6 bis 20 Uhr beschäftigt werden dürfen. Hier gibt es natürlich Ausnahmeregelungen für bestimmte Branchen (z. B. Gaststätten und Bäckereien). Dies würde den Rahmen dieses Buches sprengen, daher gehe ich auf die branchenspezifischen Regelungen nicht weiter ein. Bitte lesen Sie die Regelungen für Ihre Branche im Jugendarbeitsschutzgesetz selbst nach oder fragen Ihren Ausbildungsverantwortlichen. Ein Hinweis sei mir noch gestattet: Wenn es für Ihre Branche keine Ausnahmeregelung im Gesetz gibt, gilt auch keine Ausnahme. Im Sinne der Jugendlichen ist das Jugendarbeitsschutzgesetz einzuhalten.

Jugendschutzgesetz (JuSchG)
Teilweise wird das Jugendschutzgesetz mit dem Jugendarbeitsschutzgesetz verwechselt. Dabei schützt das Jugendschutzgesetz Kinder und Jugendliche ganz allgemein vor vielen Dingen. Im Ausbildungsbetrieb sollten hier insbesondere das Alkohol- und Rauchverbot für Jugendliche beachtet werden (§ 9 und 10 JuSchG).

Ausbildungsordnung
Im Moment gibt es in Deutschland 331 anerkannte Ausbildungsberufe. Zu jedem dieser Berufe wurde eine Ausbildungsordnung erstellt. Diese ist bundeseinheitlich für alle an der Berufsausbildung Beteiligten bindend und mit dem Rahmenlehrplan der Berufsschulen abgestimmt. Die Ausbildungsordnung besteht aus mehreren Bestandteilen.

Bestandteile der Ausbildungsordnung

- Bezeichnung des Ausbildungsberufes
- Ausbildungsdauer
- Ausbildungsberufsbild (zeigt die Fertigkeiten und Kenntnisse auf, die mindestens Gegenstand der Berufsausbildung sind)
- Ausbildungsrahmenplan, d. h. eine Anleitung zur sachlichen und zeitlichen Gliederung der Fertigkeiten und Kenntnisse
- Prüfungsanforderungen

Es ist immer möglich über den Mindeststandard der Ausbildungsordnung hinaus auszubilden und diesen um zusätzliche firmenspezifische Inhalte zu erweitern bzw. zu aktualisieren.

Die Ausbildungsordnung für den Beruf, den Sie ausbilden, sollten Sie sich unbedingt einmal durchlesen. Sie kennen die Ausbildungsordnung nicht? Dann geben Sie in einer gängigen Suchmaschine im Internet einfach das Wort „Ausbildungsordnung" und die Berufsbezeichnung des betreffenden Berufes an und schon können Sie sich die Ausbildungsordnung ansehen und zur eventuellen späteren ausführlicheren Lektüre auf Ihrem PC abspeichern oder ausdrucken.

Die Ausbildungsordnung enthält außerdem Regelungen zum Führen eines Berichtsheftes (= Ausbildungsnachweis oder Pflichtenheft). Dieses kann wöchentlich oder täglich geführt werden. Hier sind die Vorgaben der örtlichen Kammern zu beachten. Einige Kammern bieten inzwischen ein Onlineberichtsheft an. Dieses Berichtsheft ist eine durchaus sinnvolle Einrichtung. Hier wird über die gesamte Ausbildungszeit lückenlos dokumentiert, was der Auszubildende gemacht hat (auch Berufsschultage, Urlaub oder Krankheitstage sind zu erfassen).
Ihr Auszubildender schreibt dabei täglich auf, welche Aufgaben er ausgeführt hat und welche Informationen er neu erhalten hat. Dies sollte in einer auch für Firmenfremde verständlichen und lesbaren Art und Weise passieren. Damit wird sich der Auszubildende bewusst, was er die Woche über gemacht und gelernt hat und gibt den Ausbildungsnachweis wöchentlich bei Ihnen ab. Sie sehen den Nachweis durch, besprechen diesen mit Ihrem Auszubildenden und unterschreiben ihn. Ist etwas unklar oder nicht richtig, müssen Sie den Auszubildenden darauf hinweisen und die betreffende Woche neu geschrieben werden. Dass der Ausbildungsnachweis frei von Rechtschreibfehlern sein sollte, versteht sich von selbst. Machen Sie sich bewusst: Wenn Sie als Ausbildungsbeauftragter den Auszubildenden nicht auf eventuelle Fehler hinweisen, die er verbessern und aus denen er lernen kann, wer dann?
Das Berichtsheft muss vom Auszubildenden geführt werden und der Betrieb, und damit Sie als Betreuer, muss den Auszubildenden während des Abteilungseinsatzes zum Führen des Ausbildungsnachweises anhalten. Übrigens ist das Berichtsheft während der Arbeitszeit zu schreiben, d. h. Sie können nicht vom Auszubildenden verlangen, dass er dies in seiner Freizeit tut.
Das vollständige Vorliegen aller Ausbildungsnachweise ist Voraussetzung für die Zulassung zur Abschlussprüfung. Das Berichtsheft muss bei der mündlichen bzw. praktischen Prüfung vorgezeigt werden.

Betriebsverfassungsgesetz (BetrVG)
Wenn Ihr Unternehmen einen Betriebsrat hat, ergeben sich die Rechte des Betriebsrats aus den Paragraphen 97 und 98 des Betriebsverfassungsgesetzes. Hierbei wird zwischen Mitbestimmungs- und Beratungsrechten unterschieden.

Ein Mitbestimmungsrecht (betriebliche Maßnahmen werden erst mit Zustimmung des Betriebsrats wirksam) besteht bei der

- Durchführung von Maßnahmen der betrieblichen Berufsbildung (z. B. Beurteilungsverfahren, Auswahlverfahren) und
- Einstellung und Abberufung von Ausbildern. Dies betrifft alle mit der Ausbildung beschäftigten Personen und damit auch alle Ausbildungsbeauftragten.

Ein Beratungsrecht hat der Betriebsrat bei der

- Einführung betrieblicher Bildungsmaßnahmen (z. B. der Qualifizierung von Ausbildungsbeauftragten) und
- Errichtung oder Ausstattung betrieblicher Einrichtungen zur Berufsbildung.

Für Sie bedeutet das z. B. ganz konkret, dass Sie einen vorhandenen Beurteilungs- oder Feedbackbogen nicht einfach abändern dürfen. Dies wäre nur über eine Änderung der entsprechenden Betriebsvereinbarung möglich.

In Betrieben mit mindestens fünf Jugendlichen oder Auszubildenden (unter 25 Jahren) kann auch eine Jugend- und Auszubildendenvertretung (JAV) gewählt werden, die verschiedene Aufgaben hat.

Aufgaben der Jugend- und Auszubildendenvertretung
• Anregungen von Jugendlichen / Auszubildenden entgegennehmen und auf die Erledigung hinwirken
• Maßnahmen z. B. zur Berufsbildung beim Betriebsrat beantragen
• Überwachen, dass geltendes Recht durchgeführt wird
• Durchführung einer JAV-Versammlung (im Einvernehmen mit dem Betriebsrat)

Absolviert ein Mitglied der Jugend- und Auszubildendenvertretung seine Praxisphase in Ihrer Abteilung, wird er das ein oder andere Mal in seiner Funktion als JAV-Mitglied unterwegs sein. Zu diesen Zeiten ist er dann natürlich nicht in Ihrer Abteilung, trägt die Zeiten aber in sein Berichtsheft ein. Ist der Auszubildende nicht mehr bei Ihnen in der Abteilung, sondern ausschließlich in Sachen JAV unterwegs, sodass eine Vermittlung der Ausbildungsinhalte nicht mehr möglich ist, sollten Sie – nach einem Gespräch mit ihm – auch die Ausbildungsleitung informieren.

Vielleicht wurden in Ihrem Unternehmen Betriebsvereinbarungen zur betrieblichen Ausbildung geschlossen, die für Sie im Fachbereich wichtig sind (z. B. zu Arbeitszeiten der Auszubildenden oder zum Beurteilungswesen). Dann sollten Sie diese kennen und gegebenenfalls beim hauptamtlichen Ausbilder nachfragen.

Arbeitszeitgesetz (ArbZG)

Das Arbeitszeitgesetz gilt für alle Mitarbeiter (Arbeiter und Angestellte) und Auszubildenden eines Unternehmens, sobald diese volljährig sind. Einen ersten Überblick über die gültigen Regelungen verschafft die nachfolgende Abbildung:

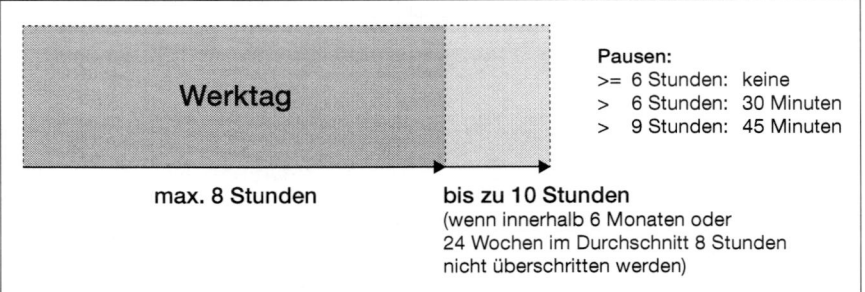

Werktag

Pausen:
>= 6 Stunden: keine
> 6 Stunden: 30 Minuten
> 9 Stunden: 45 Minuten

max. 8 Stunden   **bis zu 10 Stunden**
(wenn innerhalb 6 Monaten oder
24 Wochen im Durchschnitt 8 Stunden
nicht überschritten werden)

Abb. 3: Regelung für Mitarbeiter zur Arbeitszeit

Die werktägliche Arbeitszeit darf acht Stunden nicht überschreiten. Sie kann nur dann auf bis zu zehn Stunden verlängert werden, wenn innerhalb von sechs Kalendermonaten oder innerhalb von 24 Wochen im Durchschnitt acht Arbeitsstunden täglich nicht überschritten werden.

Als Pause gilt – wie auch bei den Jugendlichen – ein Zeitabschnitt von mindestens 15 Minuten. Bei einer Arbeitszeit von mehr als sechs Stunden (bis zu neun Arbeitstunden) muss eine Ruhepause von insgesamt mindestens 30 Minuten eingeplant werden. Bei einer Arbeitszeit größer als neun Stunden muss die Ruhepause mindestens 45 Minuten betragen. Dies bedeutet, dass länger als sechs Stunden am Stück kein Arbeitnehmer ohne Pause beschäftigt werden darf.
Nach dem Ende der täglichen Arbeitszeit muss eine ununterbrochene Ruhezeit von mindestens elf Stunden eingehalten werden. Zur Erinnerung: bei den unter 18-Jährigen waren das 12 Stunden Ruhezeit. An Sonn- und gesetzlichen Feiertagen dürfen Arbeitnehmer nicht beschäftigt werden.
Die entsprechenden tarifvertraglichen Regelungen zu den Arbeitszeiten und Ruhepausen sind hier zu beachten.

Weitere relevante Gesetze

Als weitere Grundlage in der betrieblichen Ausbildung gilt zudem das Bürgerliche Gesetzbuch (BGB) mit allen relevanten Regelungen z. B. zum Schadenersatz. Auch die rechtlichen Vorgaben, die sich aus den Ausbildungsverträgen der Kammern ergeben, sind zu beachten. Und im Handwerk darf selbstverständlich die Handwerksordnung nicht übersehen werden. Denken Sie zudem an das Allgemeine Gleichbehandlungsgesetz (AGG), welches auch in der Berufsausbildung Gültigkeit besitzt. Ziel des AGGs nach dem Paragraphen 1 ist es, *„Benachteiligungen aus Gründen der Rasse oder wegen der ethnischen Herkunft, des Geschlechts, der Religion oder Weltanschauung, einer Behinderung, des Alters oder der sexuellen Identität zu verhindern oder zu beseitigen."*

2.3 Wie organisiere ich den Praxiseinsatz konkret?

Wenn Sie sich für eine Hunderasse oder auch einen Mischling entschieden haben, geht es an die konkrete Organisation: Es sind einige Einkäufe zu tätigen (vom Futter über den Fressnapf bis zum Schlafplatz und Spielzeug). Und wo wird Ihr neuer Bewohner seinen Platz bekommen? Richten Sie alles schon her, bevor Sie den Welpen zu sich holen, dann kann er sich gleich an seine Plätze gewöhnen und fühlt sich von Beginn an wohl.

Um diese Vorbereitung soll es nun in diesem Abschnitt auch bei den Praxisphasen unserer Auszubildenden gehen. Die Frage lautet: Was muss alles rechtzeitig vorbereitet und organisiert werden? Und wie ist dann der erste Tag zu gestalten? Was ist während des Abteilungseinsatzes zu beachten? Und wie laufen die letzten Tage optimal ab?

Manche Auszubildende kommen in die neue Praxisabteilung, melden sich beim zuständigen Ausbildungsbeauftragten und dieser begrüßt sie mit den Worten: *„Ach unser neuer Auszubildender. Den habe ich ja ganz vergessen. Was machen wir denn mit dem?"* Ein schlechter Start. Und natürlich ein schlechter erster Eindruck vom Ausbilder, den der Auszubildende erhält. Sie meinen so etwas passiert nicht? Oh doch, und leider viel zu häufig.

Eigentlich beginnt alles schon vor dem ersten Praxistag und zwar mit der Vorbereitung einiger organisatorischer Dinge. Azubibetreuer müssen sich schon vor der Einsatzphase informieren, was sie dem Auszubildenden in der vorgesehenen Zeit vermitteln müssen und möchten. Welche Aufgaben stehen in der Abteilung an und wo können die Auszubildenden unterstützen? An welchen Arbeitsplatz kann sich der Auszubildende hinsetzen? Müssen noch ein Schlüssel für das Büro, ein Computer oder für die Werkstatt ein Werkzeugkasten organisiert werden? Und wie sieht es mit einer Vertretung für Sie aus, sollten Sie unterwegs sein oder krank werden? Nichts ist schlimmer für Auszubildende, als wenn sich tagelang niemand für sie zuständig fühlt. Die Details, die natürlich an dieser Stelle nicht firmen- oder berufsspezifisch sein können, finden Sie in der folgenden Checkliste.

Checkliste für Ausbildungsbeauftragte:
Vorbereitung auf den Praxiseinsatz eines Auszubildenden

☐ Stellen Sie sicher, dass Sie in den ersten Tagen der Praxisphase **persönlich** da sind oder benennen ausdrücklich eine Vertretung, die die Einweisung und Betreuung des Auszubildenden übernimmt.

☐ Verabreden Sie mit dem Auszubildenden einen **festen Termin** für den Start am ersten Praxistag.
Tipp: Laden Sie den Auszubildenden eine Stunde nach Ihrem Arbeitsbeginn ein, so können Sie wichtige Dinge noch erledigen und sich anschließend voll auf den Auszubildenden konzentrieren.

☐ Informieren Sie die **Kollegen** über den Einsatz eines Auszubildenden in der Abteilung (Name, Zeitraum, Ausbildungsberuf).

☐ Verschaffen Sie sich – soweit noch nicht vorhanden – einen Überblick über die in Ihrem Fachbereich zu vermittelnden **Lernziele**.

☐ Verschaffen Sie sich einen **ersten Eindruck** über Ihren zukünftigen Auszubildenden (falls vorhanden: Steckbrief, Intranet).

☐ Überlegen Sie sich, welche (ersten) **Aufgaben** Sie dem Auszubildenden geben können (in Anlehnung an die zu vermittelnden Lernziele und die bereits vorhandenen Vorkenntnisse). Beziehen Sie hier auch Ihre Kollegen mit ein.

☐ Stellen Sie für Ihre Abteilung einen **Durchlaufplan** für den Auszubildenden auf (welche Aufgaben, in welchem Zeitraum und bei welchen Kollegen).

☐ Überlegen Sie, mit welchen Kollegen (gegebenenfalls auch aus Nachbarabteilungen) der Auszubildende **Informationstermine** vereinbaren sollte und stellen ihm eine Liste mit Namen (und Telefonnummern) zusammen. Alternativ können Sie dieses Thema gleich als erste Erkundungsaufgabe an Ihren Auszubildenden vergeben.

☐ Bereiten Sie den **Arbeitsplatz** vor. Im Büro sollte dieser mit PC, Telefon und Schreibtischutensilien (Block, Kugelschreiber, Locher, Schere, Tacker usw.) ausgestattet sein, im technischen / gewerblichen Bereich sind Werkzeugkoffer, Arbeitskleidung etc. vorzubereiten.

☐ Beantragen Sie notwendige **Laufwerkszugriffe** oder **Systemsoftware** frühzeitig.

☐ Notieren Sie sich den Namen Ihres **Netzwerkdruckers**, damit der Auszubildende sich den Drucker am ersten Arbeitstag einrichten kann.

☐ Kümmern Sie sich um einen reibungslosen **Zugang** zum Arbeitsplatz (Schlüssel, Ausweis, Codierung etc.).

Gerne können Sie sich nun Ihre eigene Checkliste erstellen und diese dann ein bis zwei Wochen vor dem nächsten Praxiseinsatz eines Auszubildenden in Ihrer Abteilung durchgehen.

Am ersten Tag führen Sie ein ausführliches Einführungsgespräch mit dem Auszubildenden. Damit kann der so wichtige Aufbau einer Vertrauensbasis starten. (Zu diesem Beziehungsaufbau erfahren Sie in Kapitel 3.1 noch mehr.) Lernen Sie Ihren Auszubildenden kennen und geben Sie ihm die Chance, auch Sie kennenzulernen.

In welchen Abteilungen war der Auszubildende schon eingesetzt? Welche Aufgaben hat er kennengelernt? Was waren die bisherigen Highlights oder Lowlights in der Ausbildung? Das sind typische Fragen im ersten Gespräch. Daneben werden noch organisatorische Dinge wie wichtige Örtlichkeiten besprochen und die Erwartungen auf Seiten des Auszubildenden und des Azubibetreuers geklärt. Vieles ist vergleichbar mit dem Start eines neuen Mitarbeiters in der Abteilung. Nehmen Sie sich diese Zeit und erzählen Sie auch etwas über sich. Die Details zum ersten Praxistag können Sie wieder einer ausführlichen Übersicht entnehmen.

Checkliste für Ausbildungsbeauftragte:
Der erste Tag mit dem neuen Auszubildenden

....

☐ **Begrüßen** Sie den Auszubildenden freundlich und nehmen sich Zeit für ihn.

....

☐ Stellen Sie dem Auszubildenden alle **Kollegen** vor und erläutern kurz, was deren Tätigkeit ist.

....

☐ **Informieren** Sie den Auszubildenden im Einführungsgespräch über
 ✓ die Abteilung und deren Aufgaben
 ✓ regelmäßige Termine (z. B. Abteilungsbesprechungen)
 ✓ Arbeitszeit und Pausenregelung
 ✓ Abteilungskonventionen (Begrüßung/Verabschiedung, Mittagessen, Meldung am Telefon, Kleiderordnung, Verhalten bei Geburtstagen etc.)
 ✓ Örtlichkeiten (Kopierer, Faxgerät, Küche, Getränke, Kantine, Toiletten, Raucherräume etc.)
 ✓ Vertretung des Ausbildungsbeauftragten
 ✓ Fluchtwege im Brandfall, Verhalten bei Notfällen
 ✓ Beurteilung am Ende der Praxisphase (Beurteilungskriterien)
 ✓ Ihre Erwartungen

....

☐ **Befragen** Sie den Auszubildenden zu
 ✓ seinen bisherigen Abteilungseinsätzen
 ✓ seinen Vorkenntnissen über Ihren Bereich
 ✓ Fehlzeiten (Urlaub, Seminare, etc.)
 ✓ seinen Fragen / Wünschen / Erwartungen

....

☐ Informieren Sie den Auszubildenden über Wichtiges zur **Arbeitssicherheit** in Ihrem Bereich.

....

☐ Übergeben Sie dem Auszubildenden evtl. notwendige Schlüssel oder Ausweise für den **Zutritt** an seinem neuen Arbeitsplatz.

....

☐ Vereinbaren Sie – soweit möglich – einen **wöchentlichen Termin** mit dem Auszubildenden, an dem Fragen geklärt und Aufgaben besprochen werden können.

....

☐ Zeigen Sie dem Auszubildenden seinen **Arbeitsplatz** und helfen ihm – wenn notwendig – beim Einrichten des PCs.

....

☐ Übergeben Sie dem Auszubildenden seine (ersten) **Aufgaben** (evtl. Durchlaufplan, Infotermine) in Abhängigkeit von den Lernzielen. Informieren Sie diesen dabei über die erwartete Leistung und die Dauer, seinen Handlungsspielraum, Zuständigkeiten und Verantwortlichkeiten.

☐ Legen Sie erste **Ziele** gemeinsam fest (evtl. auch konkrete Ziele für den gesamten Einsatzzeitraum).

Tipp: Laden Sie den Auszubildenden am ersten Tag zum Mittagessen mit der Abteilung ein, so fühlt er sich gleich als Mitglied der Abteilung und kann alle Kollegen ungezwungen kennen lernen.

Gerade unausgesprochene Abteilungskonventionen, die Ihr Auszubildender nicht wissen kann, können Ursache für erste Konflikte werden. Sprechen Sie diese unbedingt an und erklären dem Auszubildenden, wie die morgendliche Begrüßung abläuft oder welche Meldung am Telefon erwünscht ist.

Auch die gegenseitige Klärung der Erwartungen finde ich wichtig. Jetzt kann es aber durchaus sein, dass Sie Ihren Auszubildenden nach seinen Erwartungen fragen und ihm dazu nichts einfällt. Wenn Sie das erste Mal nach Erwartungen gefragt werden und mit dieser Frage nicht gerechnet haben, würden Sie dann immer gleich etwas nennen können? Also ich nicht. Geben Sie dem Auszubildenden daher Zeit. Sagen Sie ihm, dass es Ihnen wichtig ist, seine Erwartungen zu kennen, er sich darüber Gedanken machen soll und Sie sich dazu in zwei Tagen wieder mit ihm zusammensetzen. Sprechen Sie dann in zwei Tagen mit dem Auszubildenden über seine Erwartungen.

Der erste Tag ist vorbei und nun? Während des Einsatzes übergeben Sie dem Auszubildenden nun immer wieder Aufgaben, beobachten den Arbeitsfortschritt und geben dem Jugendlichen ein regelmäßiges Feedback, damit er sich persönlich weiterentwickeln kann.

Auch alle arbeitsrechtlichen Vorgaben sind einzuhalten und die Ausbildungsnachweise am besten wöchentlich zu kontrollieren und zu unterschreiben. Das Berichtsheft ist übrigens von demjenigen zu unterschreiben, der den Auszubildenden auch die Woche über betreut hat. Dieser bezeugt damit, dass alles, was der Auszubildende notiert hat, auch richtig ist und er mit diesen Aufgaben betraut war. Dafür benötigt er keine besondere Unterschriftsberechtigung. Ich weise ganz bewusst darauf hin, da ich öfters schon erlebt habe, dass Ausbildungsnachweise von Vorgesetzten einer Abteilung unterschrieben wurden und nicht vom Azubibetreuer. Dies ist nicht sinnvoll, zumal der Vorgesetzte oft gar nicht im Detail weiß, welche Aufgaben der Auszubildende die Woche über übernommen hat.

Der folgenden detaillierten Übersicht können Sie weitere Punkte zum Praxiseinsatz entnehmen.

Checkliste für Ausbildungsbeauftragte:
Während des Praxiseinsatzes von Auszubildenden

☐ **Übergeben** Sie dem Auszubildenden **Aufgaben**, die zum Berufsbild passen und herausfordernd für ihn sind.

☐ **Kontrollieren** Sie den **Arbeitsfortschritt** und Informationsstand laufend.

☐ **Beobachten** Sie den Auszubildenden regelmäßig und fragen auch Kollegen nach ihrem Eindruck.

☐ Geben Sie dem Auszubildenden regelmäßig **Feedback**. Loben Sie diesen und zeigen ihm sein Verbesserungspotenzial auf.

☐ Nehmen Sie den **wöchentlichen Termin** mit Ihrem Auszubildenden wahr.

☐ **Interessieren** Sie sich für Ihren Auszubildenden.

☐ Führen Sie Feedbackgespräche nur unter vier Augen.

☐ **Fragen Sie den Auszubildenden** auch wie zufrieden er mit dem Praxiseinsatz und Ihrer Betreuung ist.

☐ Integrieren Sie den Auszubildenden in die Abteilung und nehmen ihn zu den **Abteilungsbesprechungen** mit.

☐ Kontrollieren Sie sein **Berichtsheft** (Ausbildungsnachweise) wöchentlich und unterschreiben dieses.

☐ Halten Sie ihn zum Schreiben der wöchentlichen Berichte und evtl. weiterer Berichte an. Besprechen Sie diese mit dem Auszubildenden und bewerten Sie die Berichte kurzfristig.

☐ Achten Sie auf die **Einhaltung der Arbeitszeiten** und der weiteren gesetzlichen Regelungen.

☐ Halten Sie **Kontakt zur Ausbildungsabteilung** und informieren diese bei Besonderheiten oder Auffälligkeiten zeitnah.

Wie viel wissen Sie über Ihren Auszubildenden? Wissen Sie, was ihn bewegt, was seine Hobbys sind, was ihn motiviert und womit er ein Problem hat? Ich könnte diese Liste noch weiter fortführen.

Jetzt mag vielleicht der ein oder andere Leser denken, dass die Hobbys und privaten Probleme nichts mit der Ausbildung zu tun haben. Ich finde: ganz viel.

Ausbildung ist schon lange mehr als rein fachliche Wissensvermittlung. Um den Auszubildenden persönlich weiter zu entwickeln, sollten Sie schon wissen, was ihn antreibt und was seine Augen zum Leuchten bringt. Das können Sie dann gut in die Ausbildung einbauen oder – bei Problemen – Rücksicht nehmen und unterstützen. Daher kann ich nur empfehlen: Zeigen Sie Interesse an Ihrem Auszubildenden. Führen Sie viele Gespräche und nehmen Sie sich Zeit zum Kennenlernen. Das gilt übrigens für beide Seiten. Fragen Sie den Auszubildenden nicht aus. Azubiflüsterer erzählen auch von sich. So schaffen Sie Vertrauen und die Ausbildung läuft gleich viel erfolgreicher.

Eine gute Möglichkeit ist es, die wöchentliche Abgabe der Ausbildungsnachweise für ein Feedbackgespräch zu nutzen. So können Sie Fachliches gut mit der Rückmeldung über soziale Kompetenzen verbinden.

Nach ein paar Wochen oder Monaten ist die Einsatzzeit in Ihrem Bereich vorbei. Um die Praxisphase gut abzuschließen, sind am Ende wieder einige Dinge zu beachten. Es steht ein letztes Feedbackgespräch, das Beurteilungsgespräch (manchmal auch Entwicklungsgespräch genannt) an. Hierbei sollten Sie auch dem Auszubildenden die Möglichkeit für eine Rückmeldung an Sie geben. Natürlich sind alle Gegenstände und abteilungsspezifischen Berechtigungen, die der Auszubildende nun nicht mehr benötigt, zurückzunehmen. Manchmal ist es schon spannend, von den Auszubildenden zu erfahren, auf wie viele Abteilungslaufwerke diese am Ende ihrer Ausbildung noch zugreifen können.

Damit nichts vergessen wird, finden Sie hier die detaillierte Checkliste für das Ende des Praxiseinsatzes.

Checkliste für Ausbildungsbeauftragte:
Am Ende des Ausbildungseinsatzes

☐ Vereinbaren Sie einen **festen Termin** für das Beurteilungsgespräch mit dem Auszubildenden.

☐ **Bereiten Sie das Beurteilungsgespräch vor** und fragen Sie auch die Kollegen nach Feedback zum Einsatz des Auszubildenden bei Ihnen.

☐ Führen Sie in der letzten Woche ein **ausführliches Beurteilungsgespräch** mit dem Auszubildenden.

☐ Geben Sie zugleich dem **Auszubildenden die Möglichkeit für Feedback**.

☐ Unterschreiben Sie den Beurteilungsbogen und senden diesen nach dem Beurteilungsgespräch an die Ausbildungsabteilung.

☐ Lassen Sie sich vom Auszubildenden nicht mehr benötigte Unterlagen / Materialien zurückgeben.

☐ Über eine Kleinigkeit zum Abschied freut sich jeder Auszubildende (Blumenstrauß, Schreibset, Give-Away, Schokolade etc.).

☐ Veranlassen Sie die **Löschung** der nun vom Auszubildenden nicht mehr benötigten Zutrittsberechtigungen, Laufwerke und abteilungsspezifischer Software, etc.

Es ist sehr firmenspezifisch, ob die Auszubildenden am Ende des Einsatzes eine Kleinigkeit als Dankeschön erhalten. Natürlich wird auch die Dauer des Einsatzes eine Rolle spielen. Aber denken Sie daran, dass Sie mit so einem Einsatz auch Werbung für die eigene Abteilung machen und der Auszubildende eine Kleinigkeit, die mit Bedacht und passend für den Auszubildenden gewählt wurde, nicht so schnell vergessen wird. Ich muss hier immer an eine Auszubildende denken, die an einem Freitagnachmittag freudestrahlend zu mir kam und sagte: *„Frau Bleumortier, ich habe von meiner Abteilung einen Blumenstrauß geschenkt bekommen!"*.

Haben Sie sich Ihre persönlichen Checklisten zusammengestellt? Sie können diese übrigens auch in Outlook unter den Aufgaben anlegen – je nach Ihrer individuellen Vorliebe. Sollten Sie noch keine Checklisten für den Praxiseinsatz haben, erstellen Sie diese doch noch heute.

2.4 Was ist bei der Führung von Auszubildenden zu beachten?

Halte ich den Hund beim ersten Spaziergang an der langen Leine oder an der kurzen? Oder lasse ich ihn ganz einfach frei laufen? Wie mache ich das am Besten? Vielleicht können Sie sich auch an Hundebesitzer erinnern, die mit ihrem Hund unterwegs sind. Manchmal läuft der Hund voraus, zerrt stark an der Leine und zieht den Hundebesitzer hinter sich her. Dabei fragen wir uns dann, wo denn der Hund mit seinem Herrchen hin geht? Und zu Beginn ist mir das bei unseren Hunden natürlich schon ein paar Mal so ergangen. Aber das hat sich wieder gelegt. Und im übertragenen Sinne müssen wir uns bei unseren Auszubildenden genauso fragen: Wie führe ich den Auszubildenden denn am Besten – an der langen oder der kurzen Leine?

Die drei bekanntesten Führungsrichtungen sind sicher der autoritäre, demokratische und der Laissez-faire Führungsstil, zu denen es viele Mischformen gibt. Diese Führungsstile sollen nun kurz beschrieben werden.

1. Autoritärer Führungsstil

Hier gibt der Ausbildungsbeauftragte Anweisungen und übergibt Aufgaben, ohne den Auszubildenden nach seiner Meinung zu fragen. Die Entscheidung wird allein vom Azubibetreuer getroffen. Widerspruch oder Kritik von Seiten des Auszubildenden werden nicht geduldet. Bei Fehlern wird bestraft.

Durch diese Vorgehensweise kann schnell entschieden werden. Die Kompetenzen sind eindeutig verteilt, es gibt klare Anweisungen und man kann gut kontrollieren. Ein Nachteil des autoritären Führungsstils (auch hierarchischer Führungsstil genannt) ist sicher der mangelnde Einbezug des Auszubildenden und die Einschränkung seiner Freiheit, die zu mangelnder Motivation führen kann.

2. Demokratischer Führungsstil

Bei diesem demokratischen oder kooperativen / partizipativen Führungsstil werden die Auszubildenden vom Ausbilder mit in den Arbeitsalltag einbezogen. Diskussionen sind erlaubt und die eigene Meinung des Auszubildenden ist gefragt. Bei Fehlern wird eher geholfen als bestraft.

Hier kann der Auszubildende mehr gefördert werden und sich entfalten. Es wird eine höhere Selbstständigkeit des Auszubildenden gefordert, die zu einer höheren Motivation beim Auszubildenden führt.

Nicht vergessen werden darf eine gewisse Entlastung des Ausbildungsbeauftragten, der zwar weiterhin unterstützend zur Seite steht, aber nicht mehr den hohen Kontrollaufwand des autoritären Führungsstils aufbringen muss. Meist ist das Betriebsklima beim kooperativen Führungsstil angenehm.

Da die Auszubildenden informiert werden müssen und eigene Ideen und Vorschläge einbringen können, wird die Entscheidungs- und Arbeitsgeschwindigkeit etwas verlangsamt.

3. Laissez-faire Führungsstil

Dieser Führungsstil lässt dem Auszubildenden viele Freiheiten. Er kann seine Aufgaben selbst bestimmen. Der Ausbildungsbeauftragte greift nicht in das Geschehen ein. Er unterstützt nicht und hält sich auch mit Feedback zurück.

Aufgrund der fehlenden Rückmeldung fehlt die persönliche und fachliche Förderung des Auszubildenden. Dieser Führungsstil kann daher für Auszubildende nicht empfohlen werden.

Unser Führungsstil kann sich also nur in den Bereichen des autoritären und demokratischen Führungsstils bewegen. Sicher wird niemand von Ihnen zu 100 Prozent autoritär oder zu 100 Prozent demokratisch führen. Bedenken Sie auch: Wenn Sie den Auszubildenden von etwas überzeugen möchten, führen Sie schon mehr autoritär als demokratisch.

Aber von was ist es nun abhängig, wie wir führen sollten? Neben Ihrer eigenen Person und Ihren Vorlieben, kommt es vor allem auf den Auszubildenden und die jeweilige Situation an. Das heißt, wir müssen situativ führen. Azubiflüsterer sind sehr gut in situativer Führung. Immer denselben Führungsstil bei jedem Auszubildenden anzuwenden, wäre verkehrt.

Bevor ein Unfall passiert, muss in einer entsprechenden Notfallsituation eher autoritär geführt werden. Auch bei größeren Verstößen hilft eine kooperative Führung oft nicht mehr weiter.

Eine wichtige Rolle spielt gerade in der betrieblichen Ausbildung der persönliche Reifegrad des Auszubildenden. Umso höher dieser ist, umso eher können Sie partizipativ bzw. demokratisch führen. Dies heißt aber auch, dass wir den Auszubildenden erst einmal näher kennenlernen müssen und daher eher mit einem autoritären Führungsstil starten. Insbesondere im Einführungsgespräch wird sich daher der autoritäre mit dem demokratischen Führungsstil abwechseln. In den nächsten Tagen merken Sie dann schnell, wie partizipativ Sie schon führen können.

Konsequenz ist hier noch ein wichtiges Schlagwort, welches ich ansprechen möchte. Bei der Hundeerziehung ist Konsequenz das A und O. Und das finden wir auch an dieser Stelle wieder. Gleich zu Beginn sind klare Verhaltensregeln aufzustellen, die Erwartungen auf beiden Seiten zu klären und gemeinsam Ziele für den Einsatz festzulegen und zu vereinbaren. Die Auszubildenden möchten und müssen ihren Handlungsspielraum kennen.

Dabei gibt es Regeln, die feststehen und keiner großen Diskussion bedürfen, wie z. B. Arbeitszeiten oder die unternehmenseinheitliche Vorgabe für privates Telefonieren und Surfen im Internet. Hier kann der Sinn dieser Regelung vermittelt werden, mehr aber auch nicht. Und bei der Einhaltung der Regeln müssen Sie konsequent sein. Bei anderen Themen können Sie Regeln oder Ziele gemeinsam mit dem Auszubildenden absprechen. In Kapitel 3.4 gehe ich noch ausführlicher auf dieses Thema ein.

Sie sehen: Den einen richtigen Führungsstil gibt es nicht. Gute Führung zeichnet sich dadurch aus, dass diese auf die Person des Auszubildenden und die Sache (die Aufgabe) gerichtet ist. Dabei wird sie flexibel und angemessen angewandt.

Ganz einfach ist dabei die Führung des Auszubildenden sicher nicht. Weil wir dabei sehr individuell auf den Auszubildenden eingehen müssen. Ich sage immer: Wer Auszubildende erfolgreich geführt hat, kann auch Mitarbeiter führen. Wer Mitarbeiter führt, kann noch lange keine Auszubildenden führen.

2.5 Wie kann ich trotz Zeitdruck gut ausbilden?

Viele Ausbildungsbeauftragte stehen vor dem Problem des Zeitdrucks. Denn auch wenn viele Vorteile mit der Ausbildung verbunden sind, kostet die Betreuung im Tagesgeschäft doch erst einmal Zeit. Die Doppelbelastung, auf der einen Seite den eigenen Job weiter gut zu erfüllen und auf der anderen Seite einen Auszubildenden in der Praxis auszubilden, lässt sich nicht einfach so nebenbei stemmen.

Ähnliche Überlegungen stellen Sie natürlich auch an, wenn es um Ihren Hund geht. Was machen Sie, wenn Sie keine Zeit für den Spaziergang haben, weil Sie krank oder auf Dienstreise sind? Wie stellen Sie sicher, dass sich dann jemand um Ihren Hund kümmert?

In meinen Seminaren zur Qualifizierung der Ausbildungsbeauftragten, werde ich immer wieder gefragt, wie gutes Ausbilden auch unter Zeitdruck möglich ist. Grundsätzlich bin ich hier zwar der Meinung, dass Ausbilden Zeit kostet und Ihnen diese Zeit vom Unternehmen und Ihrem Vorgesetzten zugestanden werden muss. Trotzdem möchte ich Ihnen mit diesem Kapitel einige Tipps geben und Möglichkeiten aufzeigen.

1. Sorgen Sie für ein gutes Selbstmanagement.

Es ist enorm wichtig, selbst über einen effektiven Arbeitsstil und ein gutes Selbstmanagement zu verfügen. Wie gehen Sie mit Ihrer Zeit um? Teilen Sie Ihre Aufgaben in dringende und wichtige Themen ein und arbeiten diese entsprechend ab? Oder starten Sie mit den unwichtigen und nicht dringenden Aufgaben? Wenn Sie gut im Setzen von Prioritäten sind, kommen Sie besser mit Ihrer Zeit klar und Ihr Auszubildender erlebt Sie zudem als Vorbild – ein doppelt positiver Effekt. Natürlich dürfen Sie auch Aufgaben delegieren, zum Beispiel an Ihren Auszubildenden. Damit werden Sie entlastet und Ihr Auszubildender freut sich sicher über spannende Themen.

Zu einem erfolgreichen Selbstmanagement gehört auch ein routiniertes Arbeiten mit Outlook: Lassen Sie sich nicht jede neu eingegangene Mail durch einen akustischen Ton anzeigen, sondern arbeiten Sie die eingegangenen Mails zwei- oder dreimal am Tag am Stück ab.

Außerdem kann ich nur empfehlen, mit Checklisten zu arbeiten. Ob in Papierform oder elektronisch – wählen Sie die Art, die Ihnen entspricht. Checklisten können Sie heute über Outlook pflegen oder Sie nutzen entsprechende Apps (z. B. Evernote). Und dazu kommt noch das gute Gefühl, erledigte Arbeiten abhacken zu können.

Es zeigt von keinem guten Selbstmanagement, wenn Sie sich nicht auf den Auszubildenden vorbereiten, dieser am ersten Tag vor Ihnen steht und Sie nicht wissen, was Sie mit ihm anfangen sollen. Bereiten Sie sich unbedingt auf den Auszubildenden vor. Darauf bin ich ja bereits schon eingegangen. So stehen Sie an seinem ersten Praxistag nicht unter Zeitdruck und für den Auszubildenden macht es sowieso einen besseren Eindruck, wenn Sie sich vorab Gedanken über den Einsatz gemacht haben. Nutzen Sie am Besten die erstellte Checkliste, die Sie sich für alle vorbereitenden Tätigkeiten für jeden Auszubildendeneinsatz einmalig anlegen. Damit sind Sie dann bestens auf den nächsten Auszubildenden vorbereitet.

Leichter gesagt, als getan: Aber bleiben Sie ruhig und lassen Sie sich so gut es geht nicht stressen. Unter Stress benötigen wir nur noch mehr Zeit für unsere Aufgaben. Auch Pausen führen dazu, dass wir anschließend motivierter und konzentrierter weiterarbeiten können.

2. Regelmäßige Gespräche schaffen Ihnen Freiraum.

Im Rahmen der Betreuung Ihres Auszubildenden sollten Sie regelmäßig Gespräche mit ihm führen. Das mag für den ein oder anderen auf den ersten Blick zeitaufwendig sein. Aber diese Zeit bekommen Sie wieder. Denn Auszubildende, die gut eingearbeitet sind, gefördert werden und wissen, was Sie von ihnen erwarten, können Sie bei der Arbeit unterstützen.

Dies beinhaltet natürlich auch Feedbackgespräche, die ständig geführt werden müssen. Auf diese Feedbackgespräche gehe ich noch im Detail in Kapitel 3 ein. Nur wenn Ihr Auszubildender Rückmeldungen von Ihnen bekommt, kann er an sich arbeiten, auf Ihre Anregungen reagieren und noch besser mitarbeiten. Umso kürzer wird dann zudem das Beurteilungsgespräch am Ende des Praxiseinsatzes sein, weil das Meiste schon gesagt ist. Außerdem benötigen Sie weniger Zeit zur Vorbereitung des Beurteilungsgesprächs. Dieses geht übrigens schneller, wenn Sie sich schon während des Auszubildendeneinsatzes Notizen zum Verhalten des Auszubildenden machen. Dann müssen Sie nicht erst vor dem Einsatzende überlegen, welche Leistung Ihr Auszubildender denn nun gezeigt hat und an welchen Beispielen Sie ihm dies erläutern können. Legen Sie sich dieses Notizblatt gleich am ersten Einsatztag an. Sie können diese Notizen selbstverständlich auch elektronisch führen.

Am Besten verabreden Sie feste Termine für die Feedbackgespräche mit Ihrem Auszubildenden, z. B. jeden Freitag um 10 Uhr. Dann können Sie und der Auszubildende sich darauf einstellen und Sie werden in Ihrem Arbeitsfluss nicht unterbrochen.

Bewerten Sie Ausbildungsnachweise und Berichte zeitnah und sammeln diese nicht. Dann können Sie sich noch gut erinnern, ob das Geschriebene richtig ist und die Berichte gleich wieder an den Auszubildenden zurückgeben. So stapeln sich keine Ausbildungsunterlagen auf Ihrem Schreibtisch, die Sie sonst vielleicht mit schlechtem Gewissen immer wieder vor sich sehen.

3. Übergeben Sie Aufgaben an den Auszubildenden.
Binden Sie den Auszubildenden in reale Arbeitsaufgaben und -prozesse ein. Das ist eine Entlastung für Sie und motiviert den Auszubildenden. Bitte überlegen Sie sich keine Aufgaben, mit denen der Auszubildende zwar beschäftigt ist, die aber im Anschluss im Papierkorb landen. Nichts demotiviert Auszubildende mehr. Das können wir alle nachvollziehen.

Denken Sie schon in „azubifreien" Zeiten darüber nach, welche Aufgaben der nächste Auszubildende übernehmen kann und sammeln diese. Überlegen Sie ganz genau, wo und wie Ihr Auszubildender Sie unterstützen kann. Hier ist mehr möglich als wir manchmal denken. Legen Sie hierzu einen Korb oder ein spezielles Fach (Postfach oder elektronischer Ordner auf dem Abteilungslaufwerk) in Ihrer Abteilung an. Hierin sammeln Sie und Ihre Kollegen dann Aufgaben für den nächsten Auszubildenden.
Oft gibt es in den Fachabteilungen wichtige Themen, die aber nicht sofort erledigt werden müssen. Diese werden dann erst einmal aufgeschoben, bis jemand Zeit

dazu hat. Hier sind alle froh, wenn der Auszubildende dies übernehmen kann. Denken Sie nach, wo der Auszubildende Sie ganz konkret unterstützen kann. Dies ist natürlich immer vom Einzelfall abhängig, aber oft ist die Unterstützung viel größer als zuerst gedacht.

Manchmal sind dies dann Recherchetätigkeiten und das Schreiben von Dokumentationen oder Prozessbeschreibungen. Im gewerblich-technischen Bereich können Azubis vielleicht sogar (Ersatz-)Teile reparieren, die Mitarbeiter bisher nicht instand setzen konnten. Sie meinen, das geht nicht? Doch, ich habe nicht nur einmal davon gehört und Sie können sich sicher vorstellen, was für ein tolles Erfolgserlebnis dies für die Auszubildenden ist. Über solche Ergebnisse freut sich dann die gesamte Firma.

Für Techniker im Außendienst mag es manchmal schwierig sein, den Auszubildenden gut auszubilden. Beim Kunden soll die Reparatur möglichst schnell ausgeführt werden. Aber auch hier gibt es Möglichkeiten: So kann die Autofahrt zum nächsten Kunden für Gespräche und Erläuterungen genutzt werden. Oder der Techniker erklärt dem Auszubildenden vor Ort jeden Arbeitsschritt und stellt die eine oder andere Zwischenfrage. Das dauert auch nicht länger und der Kunde freut sich zudem, wenn er mitbekommt, was getan wird.

Falls wirklich einmal der Fall eintreten sollte, dass Sie gerade gar keine Zeit für den Auszubildenden haben, erklären Sie es ihm nett und freundlich und bitten um Verständnis. Dafür nehmen Sie sich dann am nächsten Tag wirklich Zeit für ihn. Manchmal sind Azubis sogar froh, solche Zeiten für das Schreiben von Berichten oder Lernen für Schulaufgaben nutzen zu können. Vielleicht haben Sie für solche Fälle zukünftig aber auch eine kleine „Notfall"-Aufgabe in der Schublade?

Trauen Sie Ihren Auszubildenden etwas zu. Übergeben Sie mit kleineren wie größeren Projekten Verantwortung an die Auszubildenden, lassen diese Präsentationen erstellen oder mit Hilfe der Leittextmethode Themen selbst erarbeiten. Dies alles verschafft Ihnen Erleichterung.
Bei der Aufgabenübergabe sind dem Auszubildenden alle notwendigen Informationen zu übergeben und es ist klar und deutlich zu erklären, was zu tun ist. So werden weitere Zwischenfragen vermieden. Dabei ist auch der zeitliche Rahmen abzustecken und einzuhaltende Termine müssen kommuniziert werden.

Fordern Sie den Auszubildenden doch auf, selbst eigene Vorschläge zu machen und Ideen einzubringen. Vielleicht hat dieser sogar einen Verbesserungsvorschlag, der Ihnen Zeit einspart? Oft entstehen hier spannende Dinge. Lassen Sie sich überraschen.

Die Aufgabenerledigung des Auszubildenden können Sie mit diesem auch über elektronische Wege zum Beispiel mit Hilfe von Outlook durchgehen. Das geht schnell, spart Zeit und Sie sind immer auf dem Laufenden. Nutzen Sie diese elektronischen Tools. Das freut die Auszubildenden sicher, zumal es ihr Medium ist.

4. Holen Sie sich Unterstützung.
Wenn die Rahmenbedingungen so sind, dass Sie wirklich überhaupt keine Zeit für Ihren Auszubildenden haben, müssen Sie mit Ihrem Vorgesetzten sprechen. Ohne das Verständnis und die Unterstützung Ihres Chefs geht es nicht. Er sollte Ihnen die Zeit geben und Sie dann eventuell von anderen Aufgaben entlasten. Dazu ist natürlich auch die Unterstützung der Geschäftsleitung notwendig.
Informieren Sie in diesem Fall zudem den hauptamtlichen Ausbilder. Er muss Kenntnis davon haben, wenn eine ordnungsgemäße Ausbildung in Ihrem Bereich aufgrund des Zeitdrucks nicht sichergestellt werden kann.

Sie müssen nicht alles alleine machen. Holen Sie sich Unterstützung von Kollegen (aus der eigenen Abteilung oder auch der Nachbarabteilung). Vielleicht haben diese zum Berufsbild passende und spannende Aufgaben für den Auszubildenden, weitere Ideen oder können sogar tageweise die Betreuung übernehmen.

Damit habe ich Ihnen einige Anregungen für ein Ausbilden auch unter Zeitdruck gegeben. Sicher ist dies immer sehr individuell und von Ihrer Tätigkeit und der Branche abhängig. Aber mit ein bisschen gutem Willen können Sie sich die Ausbildung damit bestimmt erleichtern.

2.6 Checkliste „Vorbereitung auf den Praxiseinsatz"

Am Ende dieses Kapitels finden Sie nun wieder eine Zusammenfassung der wichtigsten Punkte zum Thema „Vorbereitung auf den Praxiseinsatz" in Form der Ihnen schon bekannten Checkliste.

Sind Ihnen die Werte und Einstellungen der jungen Generation bewusst?	☐ ja ☐ nein
Wissen Sie, was diese Werte für Sie bedeuten und wie Sie am besten damit umgehen?	☐ ja ☐ nein
Kennen Sie die Erwartungen der Auszubildenden an die Praxiseinsätze und die Azubibetreuer?	☐ ja ☐ nein
Haben Sie sich im Berufsbildungsgesetz die Paragraphen 1 bis 30 durchgelesen?	☐ ja ☐ nein
Kennen Sie Ihre Rechte und Pflichten?	☐ ja ☐ nein
Sind Ihnen die wichtigen Vorgaben aus dem Jugendarbeitsschutzgesetz bekannt?	☐ ja ☐ nein
Wissen Sie, was nach dem Jugendschutzgesetz zu beachten ist?	☐ ja ☐ nein
Haben Sie sich die Ausbildungsordnung Ihres Ausbildungsberufs schon durchgelesen?	☐ ja ☐ nein
Kennen Sie die Vorgaben für die Ausbildungsnachweise und lassen Sie sich diese wöchentlich vorlegen?	☐ ja ☐ nein
Sind Ihnen die Arbeitszeitregelungen für unter, wie über 18-jährige Auszubildende bekannt?	☐ ja ☐ nein
Wenn Sie einen Betriebsrat haben: Wissen Sie, welche Zustimmungs- und Mitbestimmungsrechte der Betriebsrat hat?	☐ ja ☐ nein
Wenn Sie einen Betriebsrat haben: Sind Ihnen die Betriebsvereinbarungen zur Ausbildung bekannt?	☐ ja ☐ nein
Kennen Sie den Ansprechpartner in Ihrem Unternehmen, an den Sie sich bei juristischen Fragen wenden können?	☐ ja ☐ nein
Haben Sie sich Ihre individuelle Checkliste zur Vorbereitung, zum ersten Tag, zur Praxisphase und dem Ende erstellt?	☐ ja ☐ nein

Bereiten Sie sich nach der Checkliste zur Vorbereitung auf den Praxiseinsatz auf Ihren Auszubildenden vor? ☐ ja ☐ nein

Wurden am ersten Einsatztag alle Punkte aus der Checkliste für den ersten Tag in der Abteilung angesprochen? ☐ ja ☐ nein

Beachten Sie alle Themen aus der Checkliste „Während des Praxiseinsatzes"? ☐ ja ☐ nein

Haben Sie auch am Ende des Praxiseinsatzes nichts vergessen? ☐ ja ☐ nein

Führen Sie situativ und stellen sich auf den Auszubildenden ein? ☐ ja ☐ nein

Verfügen Sie über ein gutes Selbstmanagement? ☐ ja ☐ nein

Sammeln Sie mögliche Aufgaben für den nächsten Auszubildenden in Ihrer Abteilung? ☐ ja ☐ nein

Delegieren Sie Aufgaben an Ihren Auszubildenden? ☐ ja ☐ nein

Haben Sie eine „Notfall-Aufgabe" für Ihren Auszubildenden? ☐ ja ☐ nein

Führen Sie die Feedbackgespräche regelmäßig? ☐ ja ☐ nein

Haben Sie „Leerlaufzeiten" bei Ihrer Tätigkeit, die Sie für Gespräche mit Ihrem Auszubildenden nutzen können? ☐ ja ☐ nein

Kennen Sie elektronische Tools, mit denen Sie sich die Ausbildung erleichtern können und nutzen diese? ☐ ja ☐ nein

Haben Sie sich schon Unterstützung bei Ihrem Vorgesetzten oder Ausbildungsverantwortlichen geholt? ☐ ja ☐ nein

Sie haben hier häufig „Ja" angekreuzt? Das ist schön. Bei allen Fragen, die Sie mit „Nein" beantwortet haben, dürfen Sie wieder aktiv werden. Ihr nächster Auszubildender wird sich sicher darüber freuen und es wird auch Sie selbst sicherer machen und stärken.

3 Kommunikation mit dem Auszubildenden – Wie führe ich Gespräche?

Unser Hund wird nichts lernen und sich nicht weiter entwickeln, wenn wir ihm keine Rückmeldung geben und nicht klar mit ihm kommunizieren. Wir müssen ihm deutlich machen, ob sein Verhalten richtig ist oder nicht. Und dies muss er ganz klar an unserer Stimme und Körpersprache erkennen können.

Regelmäßige Gespräche sind nun auch für eine erfolgreiche Ausbildung äußerst wichtig. Nach meiner Erfahrung ist dies einer der größten Knackpunkte während der Praxisphasen. Wir meinen immer Reden sei so leicht und jeder würde uns gleich verstehen. Dabei sind hier Missverständnissen Tür und Tor geöffnet.

In diesem Kapitel erhalten Sie daher viele Informationen rund um das Thema Kommunikation. Dies startet mit dem Aufbau einer Vertrauensbasis, geht über das professionelle Feedbackgespräch bis zum Kritikgespräch. Auch auf das Beurteilungsgespräch am Ende einer Einsatzzeit werde ich eingehen.

3.1 Wie stelle ich Vertrauen her?

Bevor wir zur eigentlichen Kommunikation kommen, ist es mir wichtig, auf einen Knackpunkt einzugehen, den wir hier nicht vergessen dürfen. Bei allen Aktionen und Gesprächen muss als Grundlage für eine gute Zusammenarbeit eine gewisse Vertrauensbasis vorhanden sein. Fehlt diese, wird es sehr schwierig an einen anderen Menschen – in unserem Fall den Auszubildenden – heranzukommen, diesen zu stärken oder auch Verhaltensänderungen zu bewirken. Es sollte daher eine gute Beziehung zwischen dem Ausbildungsbeauftragten und dem Auszubildenden aufgebaut werden. Damit dieses Vertrauen entstehen kann, sind fünf Aspekte zu beachten:

1. Respekt
Können Sie sich an einen Vorgesetzten oder Kollegen erinnern, der Sie nicht respektvoll behandelt hat? Der Sie nicht wertgeschätzt hat? Wie war die Zusammenarbeit mit ihm? Ich vermute, sie wird nicht besonders gut gewesen sein.

Auch Auszubildende spüren es, wenn wir sie nicht als Person wertschätzen, respektieren und ernst nehmen. Als Konsequenz werden sie uns keine Wertschätzung entgegenbringen – und das oft ganz unbewusst.

Als ich nach dem Studium auf Stellensuche war, kann ich mich sehr gut an einen Auswahltag erinnern, bei dem nach jeder Übung ein oder mehrere Bewerber wieder nach Hause geschickt wurden. Beim Mittagessen war ich noch mit dabei, nach der anschließenden Aufgabe war für mich der Tag auch zu Ende. Was mich damals so geärgert hat, war gar nicht die Absage, sondern von Beginn des Assessment Centers an, empfand ich dieses Vorgehen den Bewerbern gegenüber (wir hatten dies am Morgen erfahren) einfach wenig wertschätzend. Diese mussten sich teilweise einen Tag frei nehmen und waren dann wider Erwarten schon am Vormittag wieder zu Hause.

Respektvoll behandeln wir unsere Auszubildenden, wenn wir sie als Person wertschätzen und ihre Probleme, Sorgen und Nöte ernst nehmen – ganz individuell. Und es gibt immer positive Eigenschaften unserer Auszubildenden. Denken Sie bewusst an diese. Sollten Ihnen auf den ersten Blick nur die negativen Eigenschaften ins Auge fallen: Suchen Sie aktiv nach Positivem.
Der Soziologe Bernhard Bauhofer spricht von einer „neuen Sehnsucht nach Respekt im 21. Jahrhundert".[3] Dabei werden Ausbilder dann respektiert und bieten Halt, wenn sie selbst authentisch und kompetent sind.

2. Vorbild sein
Wir sollten uns ständig unseres Vorbildcharakters bewusst sein. Wenn Sie nicht pünktlich zu einem Termin kommen, warum sollte es dann Ihr Auszubildender sein? Dies ist übrigens oft ein Thema bei meinen Kniggeseminaren für Auszubildende. Die Auszubildenden sagen dann: *„Wir würden ja pünktlich sein, aber auf unseren Ausbilder müssen wir oft warten."* Oder das Thema Motivation: Wenn Sie jeden Morgen unmotiviert zur Arbeit kommen, wie können Sie dann von Ihrem Auszubildenden verlangen, dass er motiviert ist? Wenn wir uns nicht an die Vorschriften zur Arbeitssicherheit halten, müssen wir uns nicht wundern, dass es auch die Auszubildenden nicht tun. Wenn wir über Kollegen schlecht reden… Diese Aufzählung könnte noch ewig weitergeführt werden. Aber ich denke, Sie haben verstanden, was ich meine.

Noch ein persönliches Erlebnis dazu: Manchmal beschweren wir uns über die mangelnde Zuverlässigkeit unserer Auszubildenden. So erzählte mir letztens eine Ausbildungsleiterin, dass sie sieben Schüler zu einem Auswahltag eingeladen hat. Gekommen sind drei und die anderen Bewerber haben nicht einmal abgesagt. Eine Erfahrung, die viele Ausbildungsbetriebe leider schon machen durften. Nun veranstaltete ich zu Beginn des Jahres 2011 ein Ausbilderessen zum Netzwerken

---

3   Lienhart, Andrea: Respekt, in: Coaching heute – das Internet-Magazin, Ausgabe Mai 2011, Hrsg. Sabine Asgodom

und Austausch unter Ausbildern. Dieses kam auf Wunsch der Teilnehmer meiner regelmäßig stattfindenden Ausbilder-Networking-Abende in München zustande (mit Impulsvortrag und Zeit zum Netzwerken). Für das reine Ausbilderessen kamen von elf angemeldeten Teilnehmern nur drei Ausbilder. Die anderen Ausbilder haben nicht abgesagt und auch auf Nachfrage meinerseits haben sich zwei bis heute nicht gemeldet. Das Verhalten, welches wir uns von unseren Auszubildenden wünschen, müssen wir schon vorleben.

Letztens im Telefontraining für Auszubildende stellte mir eine Teilnehmerin eine Frage zu einem englischen Begriff, die ich nicht beantworten konnte. Ich wusste es einfach nicht. So habe ich das dann auch kommuniziert und angeboten, dass ich den Begriff in der Pause im Internet recherchiere und dann Bescheid gebe, was ich auch gemacht habe.

In der Feedbackrunde kam dann heraus, dass mein Verhalten für viele Auszubildende überraschend war. Anscheinend war es für einige völlig ungewohnt, dass jemand zugibt etwas nicht zu wissen. Diese meinten, dass sie das bei ihren Ausbildern oder Lehrern so leider selten erleben und haben mir dieses Verhalten daher hoch angerechnet. Ein Auszubildender sagte: *„Oft wird dann drum herum geredet, aber zugeben, etwas nicht zu wissen oder einen Fehler gemacht zu haben, dass tut fast niemand. Dabei wäre das doch gar nicht schlimm. Man kann ja nicht alles wissen."* Da war ich dann schon überrascht und kann Jugendliche sehr gut verstehen, die sich ein anderes Verhalten ihrer Ausbilder wünschen.

Vielleicht sollten wir alle öfters darüber nachdenken, wie ehrlich wir der jungen Generation gegenüber sind. Es ist doch wirklich nichts dabei, eine Wissenslücke zuzugeben und die richtige Antwort nachzuliefern oder – je nach Situation – gemeinsam nach einer Lösung zu suchen. Auch das gehört für mich dazu, Vorbild zu sein. Wir müssen nicht perfekt sein (das bin ich ebenfalls ganz sicher nicht). Alle machen Fehler oder Wissen mal etwas nicht. Wir sollten es nur auch zugeben.

3. Loyalität
Seien Sie verlässlich für Ihren Auszubildenden. Wenn Sie hinter dem Rücken des Auszubildenden schlecht über diesen sprechen, kann keine Vertrauensbasis aufgebaut werden. Zeigen Sie sich loyal, Ihrem Arbeitgeber und Ihrem Auszubildenden gegenüber.
Behandeln Sie ihn fair und geben Sie Arbeiten des Auszubildenden nicht als Ihre eigene Arbeit aus. Ein solches Verhalten bei Kollegen würde Sie sicher auch verärgern, oder?

Fehler, die dem Auszubildenden passiert sind, sollten übrigens vor dem Kunden nicht als Fehler des Auszubildenden benannt werden. Das sind Fehler, die in der Abteilung leider geschehen sind und nun kompetent und schnell gelöst werden müssen. Anschließend findet dann ein Feedbackgespräch zwischen Ihnen und dem Auszubildenden unter vier Augen statt. Mit dieser Loyalität verstärken Sie das Vertrauen Ihrer Auszubildenden.

Dabei sollte unser Verhalten transparent sein und wir müssen alle notwendigen Informationen an den Auszubildenden weiterleiten.

4. Zeit

Ja, Ausbildung und die Betreuung eines Auszubildenden kosten Zeit. Dem Auszubildenden Aufgaben zu erklären, ihn bei seiner Arbeit zu beobachten, Feedbackgespräche zu führen, ein offenes Ohr für die Sorgen und eventuellen Probleme des Auszubildenden zu haben, aktiv zuhören und sich auch noch für das private Umfeld interessieren, das geht nicht so nebenbei. Zudem ist jeder Auszubildende anders. Sich immer wieder individuell auf jeden neuen Auszubildenden einzustellen, kostet Zeit.

Wenn Sie einen neuen Vorgesetzten bekommen, hatten Sie sicher nicht von einer Minute auf die andere volles Vertrauen zu ihm. Da gibt es viele offene Fragen: Wie tickt der neue Chef? Wie führt er? Welche Erwartungen hat er? So wird es auch zwischen Ihnen und dem Auszubildenden ein paar Tage dauern, bis Sie sich gegenseitig „beschnuppert" und gut genug kennengelernt haben.

Ich hoffe sehr, dass dies auch allen Vorgesetzten und Geschäftsführern bewusst ist und diese allen ausbildenden Fachkräften die notwendigen Freiräume für die Ausbildung zur Verfügung stellen.

5. Verantwortung

Vertrauen aufbauen heißt zu guter Letzt auch: Verantwortung zu übergeben. Wenn wir die Verantwortung für einzelne Arbeitsschritte oder -aufgaben an den Auszubildenden übergeben, wird der Auszubildende merken, dass wir Vertrauen in ihn setzen. Und als „Gegenleistung" wird er uns mehr Vertrauen entgegenbringen. Überlegen Sie, welche Aufgaben Sie in die Hände des Auszubildenden legen können. Das können kleine Aufgaben, wie die Abgabe einer bestimmten Liste am Ende des Arbeitstages, bis hin zu größeren Projekten sein. Ist Ihnen eine passende Aufgabe eingefallen? Damit stärken Sie das Selbstbewusstsein des Auszubildenden und Ihnen wird zudem noch Arbeit abgenommen.

Hunde verweigern die Leistung und folgen nicht mehr, wenn sie ihr Herrchen als nicht vertrauenswürdig empfinden. In der Ausbildung funktioniert ohne Vertrauen die Zusammenarbeit zwischen den Ausbildungsbeauftragten und dem Auszubildenden nicht. Denken Sie daher an die gerade beschriebenen fünf Punkte.

Wie sprechen Sie eigentlich Ihre Auszubildenden an? Mit „Du" oder mit „Sie"? Die Frage stellt sich immer wieder und gerade zu Beginn der Ausbildung aufs Neue. Auch in meinen Seminaren mit Ausbildungsbeauftragten diskutieren wir oft über dieses Thema. Dabei werde ich dann gefragt, ob ich nicht eine Empfehlung zur Vorgehensweise habe.

Das ist allerdings gar nicht so einfach zu beantworten, da wir auch das Umfeld beachten müssen. Sind beispielsweise alle Mitarbeiter (inklusive der Vorgesetzten) per Du, ist es für die Integration der Auszubildenden besser, auch diesen von Anfang an das „Du" anzubieten.

Dazu zwei Tipps zur Anrede:
* Sagen Sie Ihren Auszubildenden von Anfang an, wie Sie das mit der Anrede handhaben und ob Sie sich Duzen oder Siezen möchten. (Bei der Vorstellung durch einen Ausbildungsbeauftragten mit *„Hallo, ich bin der Thomas"*, ist es nicht immer klar, ob das gleich ein Du-Angebot ist. Das verunsichert Auszubildende unnötig.)
* Unglücklich sind Kombinationen, bei denen die Auszubildenden geduzt werden, aber ihren Azubibetreuer siezen müssen. Das ist nicht zu empfehlen. Hier entstehen zwei Hierarchieebenen (oben / unten) schon bei der Anrede. Dem Wunsch der jungen Generation nach möglichst flachen Hierarchien entspricht es ebenfalls nicht.

Mit zwei Mythen möchte ich bei dieser Gelegenheit gleich noch aufräumen:
* Man muss mit den Auszubildenden nicht per Du sein, um ein gutes Vertrauensverhältnis aufzubauen. Dazu gehört wesentlich mehr und die wichtigsten Punkte habe ich ja gerade beschrieben.
* Manche Auszubildende finden das Duzen angenehmer, aber nicht alle Auszubildenden wünschen sich grundsätzlich, mit „Du" angesprochen zu werden. Viele wissen nämlich durchaus, dass es ihnen ein „Sie" sogar leichter machen kann und manche unüberlegte Aussage nicht so schnell ausgesprochen wird.

Ausbilder wie Ausbildungsbeauftragte müssen am Ende selbst entscheiden, womit sie sich am wohlsten fühlen und was zum Unternehmen passt.

3.2 Welche Grundlagen der Kommunikation sollte ich kennen?

Im Alltag kommunizieren wir dauernd und empfinden dies als etwas ganz Natürliches. Wer denkt schon immer genau darüber nach, wie er kommuniziert und wie er sich gegenüber anderen verhält? Wenn wir ehrlich sind, passiert dies eher selten. Deshalb lohnt es sich, genauer hinzusehen. Denn so alltäglich Kommunikation auf der einen Seite ist, so viele mögliche Probleme, Missverständnisse und Frustrationen können daraus entstehen.

Der Kommunikationswissenschaftler Paul Watzlawick hat den inzwischen sehr berühmten Satz gesagt *„Der Mensch kann nicht nicht kommunizieren"*. Was immer wir also Tun oder nicht Tun, wir kommunizieren mit unserem Gegenüber. Jede Art der Kommunikation ist Verhalten. Auch wenn wir gerade still sind, kommunizieren wir und sagen damit etwas aus. So sollten wir uns auch als Ausbildungsbetreuer bewusst sein, dass wir schon längst sprechen, selbst wenn wir uns noch nicht aktiv in Worten geäußert haben.

Wenn wir einem Menschen das erste Mal begegnen, entwickeln wir innerhalb der ersten drei Sekunden (neue Studien sprechen von Millisekunden) ein Bild von diesem Menschen. Dabei werden wir in besonders starkem Maß beeinflusst durch die nonverbale Kommunikation – also eher Äußerliches wie die Körpersprache (Mimik und Gestik) oder die Kleidung. Ein Urinstinkt führt dazu, dass wir dann ganz unbewusst eine Person als sympathisch oder unsympathisch einschätzen. Früher mussten wir entscheiden, ob wir schnell weglaufen müssen oder da bleiben können. Dabei vergleichen wir übrigens mit Personen, die wir kennen und die einem ähnlichen Auftreten entsprechen.

So wie Sie sich als Ausbildungsbeauftragter damit ein erstes Bild von Ihren neuen Auszubildenden machen, so geschieht dies ebenfalls beim Auszubildenden, der einen ersten Eindruck über Sie erhält. Begrüßen Sie den Auszubildenden freundlich und gehen ihm entgegen? Oder sagen Sie zu ihrem Kollegen *„Ach, schon wieder ein Azubi, auf den habe ich heute gar keine Lust."*? Und selbst wenn Sie den letzten Satz nur denken, Ihr Auszubildender wird es spüren und / oder an Ihrer Mimik erkennen. Das wäre keine gute Grundlage für die nächsten Praxiswochen. Hunde vergessen schlechte Erlebnisse mit einem Menschen, der Ihnen Leid zugefügt hat, ihr gesamtes Leben nicht. Viele Probleme oder Missstimmungen zwischen Auszubildenden und den Ausbildungsbeauftragten haben ihre Ursache schon in diesem ersten Zusammentreffen. Leider ist uns das oft gar nicht bewusst. Ich komme allerdings immer mehr zu der Überzeugung, dass der Grund für viele Konflikte, die sich manchmal erst nach Wochen zeigen, an diesem ersten Kennenlernen liegt. Ein misslungener erster Eindruck, unterschiedliche und unausgesprochene Erwartungen, es gibt viel, was hier schief laufen kann. Denken Sie daran. Sie machen es sich und dem Auszubildenden mit einer freundlichen Begrüßung und einem ausführlichen Einführungsgespräch leichter.

Kurz möchte ich an dieser Stelle noch auf das Sender-Empfänger-Modell nach Paul Watzlawick eingehen, denn an jeder Kommunikation sind mindestens zwei Personen beteiligt.
Der Sender beeinflusst durch sein Verhalten den Empfänger in seinem Verhalten und umgekehrt. Dies bedeutet, dass beide Kommunikationspartner – in Ihrem Fall Ihr Auszubildender und Sie – wechselseitig in der Rolle als Sender und Empfänger agieren.
Diese Rollen können nur schwer getrennt voneinander betrachtet werden. In dem Moment in dem der Sender eine Botschaft sendet, wird der Empfänger darauf reagieren und damit wieder ein Verhalten des Senders bewirken. Dies bedeutet, er wird gleichzeitig zum Sender.
Stellen Sie sich vor, Sie kommen morgens an Ihren Arbeitsplatz. Ihr Auszubildender ist schon da und Sie grüßen ihn freundlich und fragen wie es ihm geht. Er freut sich über Ihre gute Laune und ein erstes positives Gespräch entsteht. Eine gute Grundlage für den Arbeitstag. Wie anders könnte die Entwicklung sein, wenn der Auszubildende gerade so in eine Aufgabe vertieft ist, dass er Sie gar nicht wahrnimmt und nicht zurückgrüßt? Oder was wäre, wenn Sie verärgert zur Tür hineinkommen, weil Sie heute lange für die Parkplatzsuche gebraucht haben und nun als erstes wütend sagen *„Morgen. Wo sind denn die Unterlagen zum Projekt Cäsar?"* Verstehen Sie, was ich meine? Sender und Empfänger beeinflussen sich gegenseitig stark, haben aber trotzdem ihre Reaktionen selbst in der Hand.
Kommunikation stellt einen Kreislauf dar, der aus Sender, Empfänger, Nachricht und Rückmeldung besteht. Die Rückmeldung kann verbal oder natürlich auch nonverbal (durch Körpersprache) stattfinden. Sie sagt aus, wie der Gesprächspartner meine Nachricht verstanden hat. Wenn wir diese Rückmeldung erkennen, können wir anschließend angemessen und zielgerichtet darauf reagieren.

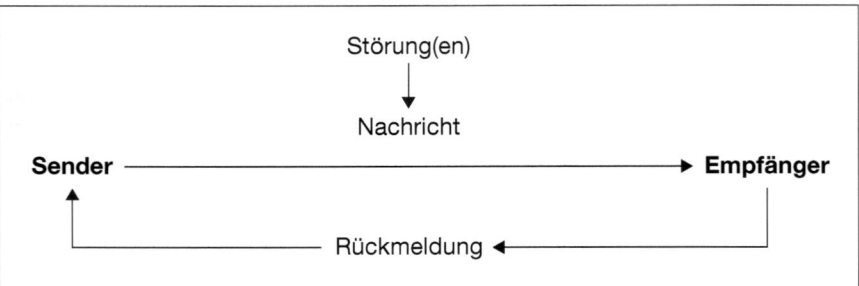

Abb. 4: Sender-Empfänger-Modell

Dieses Kommunikationsmodell hilft uns, zwischenmenschliche Kommunikation in der Ausbildung verständlicher zu machen. Zudem hilft es, Störungen der Kommunikation und ihre Folgen wie Konflikte oder Missverständnisse besser zu verstehen.

Sie haben einen Streit mit Ihrem Auszubildenden? Gehen Sie doch einmal gedanklich ganz in Ruhe zum Ursprung Ihrer Kommunikation mit ihm zurück. Rufen Sie sich Aussage für Aussage ins Gedächtnis. Das ist gar nicht so leicht. Aber vielleicht fällt Ihnen dann auf, was hier passiert ist und wo die Ursache oder das Missverständnis liegt. Natürlich hat nicht jeder Konflikt seinen Ursprung in einer falschen Auslegung oder Deutung in der Kommunikation, darauf gehe ich noch in Kapitel 3.4. ausführlich ein. Aber es gibt doch mehr Missverständnisse als wir meinen.

Zudem kann es einen großen Unterschied darin geben, was wir meinen und was unser Gegenüber versteht. Stellen Sie sich doch einmal ein Haus vor. Welches Haus sehen Sie vor Ihrem geistigen Auge? Ein Hochhaus, ein Reihenhaus, ein Haus mit Garten, ein Bauernhaus, ein modernes Haus? Ich habe mir gerade ein Haus am See vorgestellt. Und damit sind unsere Vorstellungen über ein Haus wahrscheinlich nicht die gleichen gewesen. Ich hätte Ihnen gleich beschreiben und erklären müssen, um welches Haus es mir geht? Ja. Aber tun wir das immer, wenn wir uns mit jemandem unterhalten? Oft ist uns ganz klar, was wir meinen, aber unser Auszubildender versteht uns nicht, weil wir uns nicht klar ausdrücken und ein Thema nicht eindeutig genug erläutern.

So ging es mir auch einmal mit einer Auszubildenden, die ich gebeten hatte aufgrund eines Umzugs unsere große Pinnwand abzuräumen. Diese hatten wir als schwarzes Brett mit vielen Informationen, die dort angepinnt waren, genutzt. Die Auszubildende hat alle Zettel abgenommen, aber die Nadeln in der Wand belassen. Ich wollte natürlich beides mitnehmen, hatte das aber nicht klar und deutlich kommuniziert.

Nun zu einem weiteren Kommunikationsmodell. Dieses führt mir immer wieder vor Augen, wie schnell Missverständnisse und auch Konflikte entstehen können, nur weil wir uns nicht verständlich ausdrücken und unser Gegenüber nicht auf allen Ohren gelernt hat zu hören. Der ein oder andere von Ihnen ahnt sicher schon, um welches Modell es nun geht. Es sind die vier Seiten einer Nachricht des Psychologen und Kommunikationswissenschaftlers Friedemann Schulz von Thun.

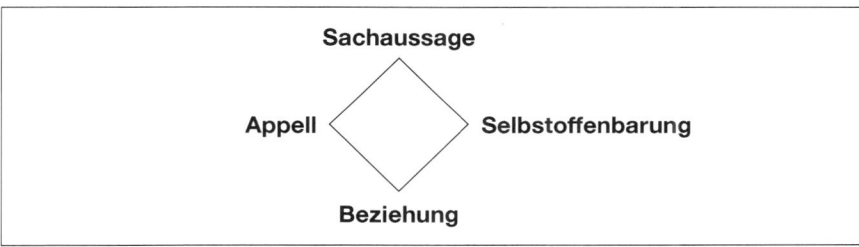

Abb. 5: Die vier Seiten einer Nachricht

Eine Nachricht enthält nach Schulz von Thun vier bedeutende Seiten:

1. Sachaussage:
Dies meint eine klare eindeutige Information über die sachlichen Inhalte (Daten und Fakten) einer Aussage (Worüber informiere ich?).

2. Selbstoffenbarung:
Wir geben mit einer Äußerung bewusst und unbewusst etwas über unsere Persönlichkeit preis (Was teile ich von mir selbst mit?).

3. Beziehung:
Hier wird das Verhältnis von Sender zum Empfänger zum Ausdruck gebracht bzw. definiert (Wie stehe ich zu Dir? Was halte ich von Dir?).

4. Appell:
Der Sender versucht Einfluss auf den Empfänger zu nehmen und ihn zu einem bestimmten Verhalten aufzufordern (Was ich von Dir möchte?).

Jeder Sender verfolgt nun mit seiner Aussage eine bestimmte Intention. Das können eine oder mehrere der vier Seiten sein.

Bei unserem Gegenüber, dem Auszubildenden, kommt die Nachricht auf vier verschiedenen Ohren an – auf einem Ohr mehr, auf dem anderen Ohr weniger. Je nachdem, mit welchem Ohr er im Laufe seines Lebens gelernt hat zu hören. Da gibt es dann das Sachaussageohr, das Beziehungsohr, das Appellohr und das Selbstoffenbarungsohr.

Ich möchte dies mit einem Beispiel verdeutlichen. Sie sagen zu Ihrem Auszubildenden: *„Der Ausbildungsnachweis der letzten Woche ist noch nicht abgegeben.“* Was möchten Sie damit sagen und wie kann diese Aussage beim Auszubildenden ankommen? Die Details können Sie aus der folgenden Aufstellung entnehmen.

„Der Ausbildungsnachweis der letzten Woche ist noch nicht abgegeben.“		
	Was sagt der Ausbilder aus?	**Was könnte der Auszubildende antworten?**
Sach-aussage	Eine Feststellung, dass der Ausbildungsnachweis noch nicht abgegeben ist. Nicht mehr.	*„Stimmt.“*
Selbst-aussage	Dem Ausbilder ist wichtig, dass ihm die Ausbildungsnachweise regelmäßig vorgelegt werden.	*„Ihnen ist wichtig, dass ich die Ausbildungsnachweise wöchentlich abgebe.“* (auf Selbstaussage des Ausbilders bezogen) *„Ich würde die Ausbildungsnachweise lieber monatlich abgeben.“* (auf Selbstaussage des Auszubildenden bezogen)
Beziehungs-ebene	Die Abgabe der Ausbildungsnachweise klappt nicht richtig. Der Auszubildende ist unzuverlässig. Daher wird der Auszubildende daran erinnert.	*„Warum erinnern Sie mich daran? Ich wollte Ihnen den Ausbildungsnachweis gerade vorbeibringen.“*
Appell	Der Ausbilder möchte, dass ihm der Ausbildungsnachweis vom Auszubildenden schnellstens vorgelegt wird.	*„Sie bekommen ihn gleich.“* Oder: *„Ich habe keine Lust, diesen heute zu schreiben.“*

Dies sind Beispiele an Reaktionsmöglichkeiten, in denen teilweise auch mehr als eine der vier Seiten beinhaltet sind. Es gibt natürlich noch viele weitere mögliche Aussagen. Vielleicht haben Sie nun schon selbst erkannt, dass es hier bei der einen oder anderen Antwort schnell zu einem Konflikt kommen kann. Sie sagen *„Der Ausbildungsnachweis der letzten Woche ist noch nicht abgegeben.“* und meinen dies als Appell. Und Ihr Auszubildender antwortet *„Stimmt.“* Nicht jeder Ausbilder

wird dann ruhig bleiben und sich bewusst sein, dass er sich selbst nicht eindeutig ausgedrückt hat. Aber genau darum geht es.
Auch wenn Sie etwas durch die Blume sagen – diese Aussage höre ich öfters – ist die Gefahr groß, dass Ihr Auszubildender Sie nicht versteht. Kommunizieren Sie klar und deutlich. Sprechen Sie genau an, um was es geht. Das wird uns auch bei den Feedbackregeln gleich noch beschäftigen. *„Aber das muss der Auszubildende doch selbst erkennen"*, das höre ich in meinen Trainings öfters. Nein, muss er nicht. Ihr Auszubildender kann nicht hellsehen. Ich auch nicht. Und ich vermute Sie ebenfalls nicht. Daher müssen wir alles direkt ansprechen und benennen.
Daneben führen Aussagen wie *„Es müsste mal jemand das Kopierpapier nachfüllen"* oder *„Die Geschirrspülmaschine sollte ausgeräumt werden"* genauso wenig zum Erfolg. Oder haben Sie sich schon einmal angesprochen gefühlt, wenn es hieß *„Der Abfall müsste mal wieder entsorgt werden"*?

Eine unmissverständliche Kommunikation ist für Azubiflüsterer unerlässlich. Nur so können Missverständnisse zwischen Auszubildenden und Azubibetreuern verhindert werden.
Dazu gehört auch, dass Ihre Körpersprache mit dem Gesagten übereinstimmt. Wenn Sie den Auszubildenden loben, werden Sie sicher eine freundliche Mimik haben. Wenn es dagegen an Kritik oder (schweres) Fehlverhalten des Auszubildenden geht, muss Ihre Stimme und Mimik dazu passen. Stimmt die Körpersprache nicht mit Ihren Worten überein, so wird der Auszubildende nicht wissen, woran er ist und Konsequenzen vielleicht falsch einschätzen. Wenn im Kritikgespräch nur gescherzt wird, freut sich Ihr Auszubildender auf das nächste Gespräch. Sein Verhalten wird sich aber wahrscheinlich nicht ändern. Ein sicheres und eindeutiges Auftreten ist hier sehr wichtig. Das soll jetzt nicht heißen, dass Sie während eines schwierigen Gesprächs nicht auch einmal lachen dürfen. Doch, auch ein motivierender und freundlicher Abschluss ist wichtig. Aber alles zu seiner Zeit.
Bedenken Sie gerade bei Feedbackgesprächen, dass Sie immer auf Augenhöhe mit dem Auszubildenden sprechen. Entweder stehen oder sitzen Sie beide. Lassen Sie den Auszubildenden ebenfalls zu Wort kommen und versuchen Sie im Gespräch an die Ursachen für das gezeigte Verhalten zu kommen. Nehmen Sie dabei die Reaktionen und Körpersprache des Auszubildenden wahr. Vielleicht können Sie so den Knackpunkt erkennen.
Versuchen Sie Ihren Auszubildenden zu verstehen und seien Sie verständlich für ihn. Er sollte an Ihrer Körpersprache und Stimme erkennen, wie ernst es Ihnen ist.

Für jedes Gespräch ist es notwendig, dem Auszubildenden gut zuzuhören. Wir signalisieren ihm damit, dass wir ihn ernst nehmen, sein Anliegen verstehen und seinen Wünschen mit Respekt entgegentreten. Dabei sollten wir keine Störungen zulassen und keine Mails nebenbei beantworten. Hier muss ich immer an einen Vorgesetzten denken, den ich einmal hatte. Dieser hat während der Gespräche mit mir Mails gelesen, mir erzählt, dass nun schon wieder gerade fünf Mails eingegangen sind, usw. Dass ich dieses Verhalten als negativ empfunden habe, dürfte klar sein. Anfangs dachte ich, dass er dies nur bei mir so gemacht hat. Aber daran lag es nicht. Auch bei den Kollegen wurden Mails während der Gespräche beantwortet. Es sollten ebenfalls keine SMS während der Gespräche geschrieben werden und nicht am Handy telefoniert werden (außer es ist wirklich ein Notfall und Sie haben diesen vorher angekündigt). Das Handy in Sichtweite führt übrigens nach einer Studie der University von Essex schon dazu, dass der Gesprächspartner das Gespräch weniger positiv in Erinnerung behält. Die genannten Punkte sollten Selbstverständlichkeiten sein. Sie sind es aber leider nicht immer.

In den Gesprächen möchten wir den Auszubildenden verstehen, dazu müssen wir ihn ermuntern, uns mehr zu erzählen. Das können wir gut durch ein aktives Zuhören erreichen. Aktives Zuhören zeigen wir durch verschiedene Verhaltensweisen.

Aktiv Zuhören

- unterstützendes Kopfnicken
- gelegentliche Kurzäußerungen / Quittierungen (ach, so, mhm, ja, interessant, stimmt,...)
- Aufgreifen von Schlüsselwörtern
- Heraushören von Zwischentönen
- Schweigen, Pause machen, dem Gesprächspartner Zeit lassen
- Angemessenen Blickkontakt halten
- Nachfragen, W-Fragen (wer, wie, was, warum,...)
- Wiederholen, mit eigenen Worten wiedergeben, was der andere gesagt hat
- zugewandte Körperhaltung
- sitzen bleiben

Wenn wir, während unser Gegenüber noch mit uns redet, schon überlegen, was wir ihm antworten möchten, hören wir nicht mehr richtig zu. Vielleicht ertappen Sie sich manchmal dabei, dass Sie sich, schon während der Auszubildende Ihnen etwas erzählt, die weitere Vorgehensweise und Ihre Antwort überlegen. Ich kenne diese Situation durchaus selbst. Streng genommen hören wir ab diesem Zeitpunkt nicht mehr richtig zu. Richtig zuhören ist also gar nicht so einfach. Aber Azubiflüsterer denken daran und können sehr gut zuhören.

3.3 Wie gebe ich richtig Feedback?

Feedback bedeutet nichts anderes, als dem Gesprächspartner eine Rückmeldung darüber zu geben, wie wir sein Verhalten wahrnehmen und empfinden. Es stellt ein Fremdbild neben das Bild, welches wir uns von uns selbst machen. In der Ausbildung sind regelmäßige Feedbackgespräch unerlässlich. Wie kann der Auszubildende sonst gefördert werden und sich weiterentwickeln?

Dabei gibt es eine große Bandbreite. Feedback kann kurz zwischendurch erfolgen. Gerade bei fachlichen Aufgaben wird dies oft der Fall sein. Manchmal ist es auch eine witzige Bemerkung, die wir machen und der Auszubildende weiß sofort, dass er sich anders verhalten sollte. Aber das reicht nicht aus. Für eine erfolgreiche Ausbildung müssen immer zusätzlich ausführliche Feedbackgespräche geführt werden. Nur dann können wir sicher sein, dass uns der Auszubildende verstanden hat und zudem seine sozialen Kompetenzen fördern. Allerdings gibt es nicht die eine richtige Methode und der Auszubildende ändert sofort sein Verhalten. Hier gilt es auszuprobieren. Jeder Auszubildende ist individuell und spricht auf eine andere Methode an. Daher stelle ich Ihnen in diesem Kapitel mehrere Methoden vor. Probieren Sie diese einfach einmal aus.

Mit dem Geben von Feedback verfolgen wir mehrere Ziele:
- Der Auszubildende wird sich seiner Verhaltensweisen bewusst.
- Er lernt einzuschätzen, wie sein Verhalten auf andere wirkt.
- Er sieht, was er bei anderen auslöst.
- Ein Beibehalten oder eine Veränderung des Verhaltens soll bewirkt werden.
- Feedback soll motivieren und den Auszubildenden stärken.

Der Auszubildende muss wissen, wo er steht. Ihm muss klar sein, wie seine aktuelle Leistung eingeschätzt wird und welche persönlichen Entwicklungsmöglichkeiten ihm eingeräumt oder zugetraut werden. Ziel sollte es immer sein, gemeinsam eine Lösung zu finden. Keine Vorwürfe, die uns am Ende nicht weiterbringen.

Dabei wird das Thema Loben manchmal vergessen. Denn Feedback enthält immer auch positive Aspekte. Genauso kann außerhalb eines Feedbackgespräches gelobt werden. Unseren Hund loben wir mit Worten, Streicheleinheiten und manchmal auch mit Leckereien.

Ein Sprichwort sagt: *„Nichts gesagt, ist genug gelobt"*. Sehr schade. Denn auch wenn wir uns selbst manchmal ein Lob von unserer eigenen Führungskraft wünschen und dieses ausbleibt, dann ist dies noch lange keine Rechtfertigung dafür, mit Lob anderen gegenüber sparsam umzugehen.

Wann hat Sie Ihr Chef das letzte Mal gelobt? Wie fühlt es sich an, ein ehrliches Lob zu erhalten? Ein schönes Gefühl, oder? Der Gallup Engagement Index veröffentlicht hierzu immer wieder erschreckende Zahlen. So sagt nur jeder fünfte bis vierte Arbeitnehmer, dass er für gute Arbeit ausreichend Lob und Anerkennung erhält. Wie schade. Dabei motiviert jede Art der Anerkennung ungemein.

Leider loben wir unsere Auszubildenden meist zu selten. Und hier muss ich gestehen, dass ich zu meiner Zeit als Ausbildungsleiterin manchmal zu stark im Tagesgeschäft eingebunden und mit dem ein oder anderen „Problemfall" beschäftigt war. Dadurch denke ich heute, dass ich die guten Auszubildenden zu wenig gelobt habe und würde dies inzwischen anders machen.

Wir freuen uns über Lob und unsere Auszubildenden auch. Dabei ist besonders wichtig, auf die Fortschritte in der Arbeit des Auszubildenden einzugehen, auf diese hinzuweisen und diese wertzuschätzen. Neue Studien zeigen, dass das Erkennen der eigenen Fortschritte der größte Motivationsfaktor ist. Also: Loben Sie die kleinen wie großen Fortschritte Ihres Auszubildenden.

Dazu noch ein Tipp: Verwenden Sie beim Loben keine Negation, sondern loben Sie mit positiven Worten. Sagen Sie nicht *„Das war keine schlechte Arbeit"*, sondern *„Das war eine wirklich gute Arbeit"*. Merken Sie den Unterschied?

Eine motivierende Geste ist es zudem, einfach einmal Danke zu sagen. Meinen Sie es dabei ehrlich. Dies ist eine sehr wirkungsvolle Art der Azubiflüsterer, jemanden zu Loben und ihm Anerkennung entgegen zu bringen.

Was sollte nun alles bei einem ausführlichen Feedbackgespräch beachtet werden?
- Denken Sie an den richtigen Rahmen. Vor versammelter Mannschaft wird der Auszubildende Ihnen sicher nicht ruhig zuhören können. Das Gespräch sollte unter vier Augen geführt werden. Wobei das natürlich auch einmal sechs Augen sein können, wenn Sie das Gespräch zu zweit führen möchten. Übrigens kann auch Ihr Auszubildender noch jemanden mitnehmen ins Gespräch, wenn er dies denn möchte. Führen Sie daher das Gespräch in einem ruhigen Raum, in dem Sie nicht gestört werden und der möglichst von außen nicht eingesehen werden kann.
- In meinen Seminaren fallen hier immer wieder Begriffe wie „eine positive Atmosphäre schaffen." Dazu braucht es nicht unbedingt Kekse und Kaffee. Es sind eher die gerade angesprochenen Rahmenbedingungen. Auch Sitzplätze, die – soweit möglich – nicht direkt gegenüber mit einem Tisch dazwischen aufgestellt sind. Schön ist eine freundliche Stimmung. Machen Sie dem Auszubildenden das Ziel und den Nutzen des Gespräches klar.
- Feedback sollte möglichst zeitnah gegeben werden. Das muss aber nicht immer sofort sein. Manchmal ist es besser eine Nacht darüber zu schlafen – für beide Seiten. Aber der Auszubildende soll in seinem Verhalten bestärkt

werden oder die Möglichkeit zur Veränderung haben. Daher haben sich wöchentliche Feedbackgespräche als sehr geeignet erwiesen. Wenn wir dran denken, dass insbesondere die junge Generation sich ständiges Feedback wünscht, sollten wir uns diese Zeit nehmen.

- Die Frage nach dem geeigneten Zeitpunkt stellt sich immer wieder. Dieser ist sicher nicht kurz vor Feierabend. Die Gefahr, dass der Auszubildende Ihnen nicht mehr richtig zuhört, weil er seinen Zug erwischen möchte oder verabredet ist, ist zu groß. Zeitdruck von beiden Seiten – Sie könnten ja ebenso einen Anschlusstermin haben – ist schlecht. Wenn Sie morgens noch nicht so fit sind und vielleicht auch Ihr Azubi nicht, legen Sie das Feedbackgespräch besser nicht in die frühen Morgenstunden.
- Jedes Feedbackgespräch besteht aus positiven Rückmeldungen und Verhaltensweisen, die noch verbessert werden müssen. Es sollte möglichst ausgewogen sein. Manche empfehlen hier die Sandwichmethode (positiv in das Gespräch starten – dann die Kritikpunkte ansprechen – und am Ende positiv aus dem Gespräch gehen). Wenn es passt, ist das eine gute Möglichkeit. Nur wenn der Auszubildende genau weiß, dass Sie sich mit ihm zusammensetzen, weil er unpünktlich war, wirkt es zu gekünstelt. Dann dürfen Sie ruhig gleich mit dem wichtigen Thema starten und trotzdem mit einer gemeinsam getroffenen Vereinbarung positiv aus dem Gespräch gehen.
- Beschreiben Sie das beobachtete Verhalten, bewerten Sie es zuerst nicht. D. h. Sie haben gesehen, wie der Auszubildende im Internet surft und die Facebookseiten geöffnet waren. Unterstellen Sie nicht gleich, dass Ihr Auszubildender keine Lust zu arbeiten hat, ihm Facebook wichtiger ist oder Arbeit liegen bleibt. Klären Sie zuerst mit dem Auszubildenden seine Sicht der Dinge.
- Machen Sie Ihr Feedback immer ganz konkret am erlebten Beispiel und einer Situation fest. Vorwürfe wie *„Sie sind nicht teamfähig"* bringen niemanden weiter. Besser ist es hier, das Verhalten an einem Beispiel zu erklären. Dies könnte zum Beispiel beginnen mit: *„Gestern Nachmittag als wir mit Frau Zimmermann zusammen gesessen sind, haben Sie..."*
- Dabei ist Feedback immer bewusst subjektiv und Sie schildern, wie das gezeigte Verhalten bei Ihnen ankommt.
- Geben Sie kurz und präzise Feedback und hacken nicht eine Stunde wegen eines Themas auf dem Auszubildenden herum.
- Feedback muss konstruktiv sein. D. h. es sind Verhaltensweisen anzusprechen, die der Auszubildende selbst in der Hand hat und verbessern kann. Wenn der Auszubildende eine Terminsache nicht pünktlich erledigt hat, ist er nicht unpünktlich, wenn ihm nicht rechtzeitig zugeliefert wurde. Dann kann es höchstens sein, dass er Sie zukünftig rechtzeitig informieren sollte.

- Erarbeiten Sie gemeinsam Verbesserungsmöglichkeiten. Fragen Sie immer erst den Auszubildenden, welche Vorschläge er hat, bevor Sie selbst Tipps geben und weitere Lösungsvarianten schildern.
- Soweit notwendig müssen natürlich Konsequenzen des Verhaltens aufgezeigt werden.
- Ein letzter Punkt noch: Wenn Ihnen ein Kollege erzählt, dass er ein Verhalten beim Auszubildenden beobachtet hat, welches nicht in Ordnung ist und er Sie nun bittet, dies beim Auszubildenden anzusprechen, sollten Sie den Kollegen immer zuerst bitten, das mit dem Auszubildenden selbst zu besprechen. Denn Sie haben die Situation nicht selbst beobachtet und hier wird dann ziemlich sicher Aussage gegen Aussage stehen. Je nach Fall ist es natürlich auch möglich, das Gespräch zu dritt führen.

Im Feedbackgespräch sollte der Auszubildende Ihnen gut zuhören. Wichtig ist, dass er nachfragt, wenn er etwas nicht verstanden hat. Ermuntern Sie ihn dazu. Lassen Sie getroffene Vereinbarungen am Ende vom Auszubildenden zusammenfassen. So sind Sie sicher, dass alles richtig verstanden wurde. Aber geben Sie dem Auszubildenden auch die Möglichkeit, sich selbst zu äußern. Versuchen Sie die Ursachen für ein gezeigtes Verhalten (z. B. Unpünktlichkeit zum Arbeitsbeginn) herauszufinden. Fragen Sie nach und hören Sie zu. Geben Sie am besten keine Lösungsmöglichkeiten vor. Wenn Sie sagen: *„Liegt es daran, dass Sie abends zu lange weg waren?"*, werden viele Auszubildende schnell ja sagen. Sie vermuten dann, dass dieser Grund akzeptiert ist. Damit kennen Sie die wirkliche Ursache aber noch lange nicht.

Noch ein Tipp: Holen Sie sich immer mal wieder das Committment Ihres Auszubildenden zu einem Feedback ein. *„Ich würde Dir gerne eine Rückmeldung zu Deinem Telefonat vorhin mit Herrn Müller geben. Ist das für Dich in Ordnung?"* Hier wird der Auszubildende sicher mit einen *„Ja"* antworten und ist gleich viel aufgeschlossener für alles, was kommt. Dies läuft im Unterbewusstsein ab, ist aber sehr wirkungsvoll.

Zusätzlich sollten Sie Feedback vom Auszubildenden zu Ihrer Betreuung erhalten. Ja, das ist ein wichtiger Teil des Feedbackgespräches. Fordern Sie den Auszubildenden dazu auf, Ihnen eine Rückmeldung über die Betreuung zu geben. Fragen Sie den Auszubildenden wie zufrieden er mit den Tätigkeiten, der Integration in die Abteilung, den Feedbackgesprächen usw. ist. Sagen Sie ihm, dass Ihnen dieses Feedback wichtig ist und sprechen Sie dies bei jedem Gespräch an. So merkt der Auszubildende, dass es Ihnen wirklich etwas bedeutet und er traut sich dann offener zu sein und Ihnen eine ehrliche Rückmeldung zu geben. Nehmen Sie sich das vom Auszubildenden Gesagte zu Herzen und überlegen Sie, ob und wie Sie etwas verbessern können. Freuen Sie sich über Lob und positive Rückmeldung.

Ich möchte Ihnen hier noch drei Methoden empfehlen, mit denen Sie dem Auszubildenden ein Feedback geben können. Diese sind Teil des Feedbackgespräches. Welche Art am besten bei Ihrem Auszubildenden wirkt, dürfen Sie gerne ausprobieren. Jeder Auszubildende ist anders und auch Sie als Ausbildungsbeauftragter werden vielleicht eine Methode lieber anwenden als eine andere.

1. Ich-Botschaften
Eine Ich-Botschaft nach Schulz von Thun enthält:
- eine wertungsfreie Beschreibung des störenden Verhaltens (Verhaltensaussage),
- eine Schilderung des Gefühls, das bei mir ausgelöst wird (Gefühlsaussage),
- die konkreten Folgen für mich, die sich aus diesem Verhalten ergeben (Wirkungsaussage).

Das Gegenteil wären Du-Botschaften (z. B. *„Du bist immer zu spät.“*, *„Du bist zu langsam.“*), von denen ich Ihnen abraten möchte. Diese führen zu einer großen Rechtfertigungshaltung beim Auszubildenden und sind stark in die Vergangenheit gerichtet.

Besser sind Sätze wie *„Ich kann mich nicht konzentrieren.“*, *„Ich fühle mich gestört, was können wir dagegen tun.“*, *„Ich bin enttäuscht, weil ich meine Arbeit nicht fertig machen kann...“*, *„Ich bin verärgert.“*, usw.

Ich-Botschaften sind lösungsorientiert und lösen beim Gegenüber Motivation und Gesprächsbereitschaft aus. Und das Gefühl ist Ihr eigenes, welches Ihnen niemand nehmen und infrage stellen kann.

Da das private Surfen im Internet immer wieder Thema in den Praxisabteilungen ist, habe ich mich entschieden, zu diesem Thema eine Ich-Botschaft als Beispiel in Reinform für Sie zu formulieren:

„Gestern bin ich am Nachmittag an Deinem Platz vorbeigegangen und habe gesehen, dass Du gerade die Facebookseite geöffnet hattest. Heute Morgen als ich kam, hast Du Dir die Fußballergebnisse angesehen und um 11 Uhr sah ich beim Vorbeigehen, dass Du wieder in Facebook bist. Das ärgert mich sehr, weil wir viel Arbeit haben und wir Dir auch wichtige Aufgaben gegeben haben. Und wenn Kollegen anderer Abteilungen das sehen, meinen diese, ich kümmere mich hier nicht um Dich oder wir hätten keine Aufgaben für Dich. Was können wir denn in Zukunft tun, dass das nicht mehr passiert? Hast Du einen Vorschlag?“

Als Alternative zum letzten Satz könnten Sie – je nach Thema – auch zuerst in die Ursachenforschung einsteigen. *„Was ist denn der Grund dafür?“* wäre eine mögliche Frage.

2. WWW-Formel

Die drei Ws stehen für Wahrnehmung, Wirkung und Wunsch (nach Manfred Gührs und Claus Novak).

Auch hier habe ich Ihnen am gleichen Beispiel wie oben das Feedback nach der WWW-Formel ausformuliert:

„Gestern bin ich am Nachmittag an Deinem Platz vorbeigegangen und habe gesehen, dass Du gerade die Facebookseiten geöffnet hast. Heute Morgen, als ich ankam, hast Du Dir die Fußballergebnisse angesehen und um 11 Uhr sah ich, dass Du wieder in Facebook bist. Das wirkt auf mich, wie wenn Dich die Aufgaben, die wir Dir gegeben haben, nicht interessieren. Ich wünsche mir, dass Du die Pausen für Facebook nutzt und während der Arbeitszeit die Ausbildung und die Abteilungsaufgaben erste Priorität haben."

Natürlich kann sowohl die Ich-Botschaft also auch die WWW-Formel mit Ihren Worten, Ihren Wünschen oder Gefühlen ganz anders lauten. Es ist auch wichtig, dass Sie hier Ihre eigenen Worte finden. Alles andere würde gekünstelt wirken.

3. Coachingfragen

Azubiflüsterer lieben Coachingfragen. Sie eignen sich auch gut für ein kurzes Feedback zwischendurch. Dazu müssen Sie keine große Coachingausbildung haben. Die Fragen regen dazu an, selbstständig Lösungsvorschläge zu entwickeln. Wir selbst sind dabei zuerst zurückhaltend mit eigenen Ratschlägen.

Der Ausbildungsbeauftragte gibt hier Hilfe zur Selbsthilfe und bringt die Auszubildenden durch Anstöße und insbesondere durch Fragen auf den richtigen Weg. Der Auszubildende erkennt selbst, dass sein Verhalten nicht richtig war, welche Alternativen er hat und erarbeitet sich sein zukünftiges Verhalten eigenständig. Ihm wird weniger von außen vorgegeben.

Der Ausbilder als Coach gibt dem Auszubildenden
- Anstöße zum Hinterfragen seiner Gedankengänge,
- mentale Unterstützung und Hilfe in schwierigen Situationen,
- Hinweise zur Bewältigung konkreter Probleme bei einer Aufgabe,
- Impulse zum eigenen kritischen Nachdenken über sein Verhalten und zur Verbesserung der sozialen Kompetenzen.

Wie schon angesprochen hält sich der Coach mit Lösungen zurück und unterstützt den Auszubildenden bei der Lösungsfindung durch Fragen. Hier finden Sie ein paar Beispiele für solche Coachingfragen.

Beispiele für Coachingfragen

- Welchen Eindruck hinterlässt Ihrer Meinung nach Ihr Verhalten auf andere?
- Was würden Sie anstelle von Person A (Kollege, Kunde, etc.) denken oder tun?
- Woher kommt das Problem Ihrer Meinung nach?
- Was müssen Sie tun, um es zu verändern?
- Welche Möglichkeiten haben Sie sonst schon ausprobiert?
- Was würde dann wohl passieren?
- Was schlagen Sie vor?
- Welche Konsequenzen hat das?
- Warum wählen Sie diesen Weg und keinen anderen?

In vielen Situationen werden Sie sicher auch die Coachingfragen von Sabine Asgodom, Autorin des Buches „So coache ich", unterstützen und den Auszubildenden stärken.

Coachingfragen von Sabine Asgodom

- Was soll deiner Meinung nach geschehen?
- Was war dein erster Gedanke dazu?
- Was wäre die einfachste Lösung?
- Was muss sich ändern, damit du...?
- Was hält dich davon ab, es zu tun?
- Was brauchst du, damit du es tust?
- Wie wird es sein, wenn du es getan hast?

Ich komme noch einmal auf unser obiges Beispiel mit dem Surfen des Auszubildenden im Internet zurück. Hier könnten zum Beispiel folgende Coachingfragen gestellt werden:
- *„Welchen Eindruck hinterlässt Ihrer Meinung nach Ihr privates Surfen auf andere Kollegen?"* oder
- *„Was würden Sie an meiner Stelle denken / tun, wenn Sie sehen, dass Ihr Auszubildender im Internet surft?"*.

Die Erfahrung zeigt, dass diese Coachingfragen sehr erfolgreich sind. Sie können den Auszubildenden dabei auch in Ihre eigene Funktion als Azubibetreuer hineinversetzen lassen. Das letzte Beispiel eben ging schon in diese Richtung. Wenn wir an fehlende Ausbildungsnachweise denken, könnte eine Coachingfrage so formuliert werden: *„Was würden Sie an meiner Stelle mit einem Auszubildenden machen, der seiner Pflicht, Ausbildungsnachweise zu schreiben nicht nachkommt?"*

Die Reaktionen der Auszubildenden sind hier meist eher hart und streng, und ein großes Kritikgespräch ist anschließend manchmal gar nicht mehr notwendig.

Hier noch ein Tipp von Heike Holz aus Ihrem Buch „Knips Dein Licht an". Verwenden Sie in Feedbackgesprächen das Zauberwort „noch". Anstelle von *„Du bist nicht kundenorientiert"* ist es besser zu sagen *„Du bist noch nicht kundenorientiert"*. Eine Kleinigkeit mit großer Wirkung.

3.4 Was ist bei schwierigen Gesprächen zu beachten?

Neben den Feedbackgesprächen können die Gespräche durchaus zu Kritik- bis zu Konfliktgesprächen werden – je nach Situation. Von vielen Ausbildungsbetreuern werden diese Gespräche als schwierig empfunden. Und das kann ich durchaus nachvollziehen. Zumal hier teilweise Themen angesprochen werden müssen, über die es einem nicht leicht fällt zu sprechen. Denken Sie immer daran: Wenn Sie es dem Auszubildenden nicht sagen, weiß er es nicht. Das Prinzip beim Führen der Kritikgespräche ist sehr ähnlich dem der Feedbackgespräche. Ein paar zusätzliche Tipps für diese schwierigen Gespräche möchte ich Ihnen hier aber trotzdem geben.

Aber was ist überhaupt ein Konflikt? Dieser lässt sich wie folgt kennzeichnen:
- Es sind mindestens zwei Personen am Konflikt beteiligt.
- Die Personen arbeiten zusammen und / oder haben etwas miteinander zu tun.
- Die Personen haben unterschiedliche Ziele oder Auffassungen zu einem Thema.
- Diese Ziele oder Auffassungen behindern sich gegenseitig oder schließen sich aus.
- Und mindestens eine Person empfindet dies als Beeinträchtigung.

Zudem gibt es verschiedene Konfliktarten: z. B. Interessens-, Ziel-, Rollen-, Beziehungs- oder Machtkonflikte.

In der Ausbildung treffe ich häufig Ziel- und Interessenskonflikte an. Dies bedeutet am Beispiel des Zielkonflikts, dass Ausbildungsbeauftragter und Auszubildender unterschiedliche Ziele verfolgen. Manchmal wurde einfach nicht über die Ziele gesprochen. Und schon ist der Konflikt da, weil es unterschiedliche Vorstellungen über das Ziel gibt. Der Ausbildungsbetreuer möchte die Ausbildungsnachweise regelmäßig vorgelegt bekommen (und regelmäßig heißt für ihn: jeden Montag den Nachweis der Vorwoche). Der Auszubildende findet, dass eine Vorlage der Ausbildungsnachweise einmal im Monat reicht. Vielleicht war dies auch für den

Azubibetreuer der vorherigen Praxisabteilung ausreichend. Hier müssen klare Zielvereinbarungen getroffen werden. Am besten vereinbaren Sie diese natürlich schon im Einführungsgespräch. Aber auch später können und müssen, wenn Zielkonflikte auftreten, entsprechende Abmachungen getroffen werden.

Die Ziele müssen klar und eindeutig formuliert sein. Außerdem sollten Ziele nicht zu hoch gegriffen werden. Dies würde eher demotivieren. Aus dem Projektmanagement kennen einige Leser vielleicht schon SMARTe Ziele. Diese gelten auch für die Ausbildung. SMARTe Ziele bedeutet, dass die Ziele den folgenden Kriterien entsprechen.

- **S**pezifisch: Das Ziel ist eindeutig und so konkret wie möglich zu formulieren.
- **M**essbar: Es muss messbar sein. Und die (Beurteilungs-)Kriterien sind dem Auszubildenden vorher zu erklären.
- **A**nspruchsvoll: Die Leistung muss für den Auszubildenden anspruchsvoll sein (abhängig von Ausbildungsstand und individuellem Leistungsniveau des Auszubildenden). Dabei muss er selbst aktiv werden. (Manchmal wird das Kriterium hier daher auch als aktionsorientiert bezeichnet.)
- **R**ealistisch: Sinnvoll sind Ziele nur, wenn diese für den Auszubildenden realistisch und erreichbar sind.
- **T**erminiert: Bis wann soll das Ziel erreicht werden? Die (Abgabe-)Termine müssen klar kommuniziert werden.

Am Beispiel der Ausbildungsnachweise könnte ein SMARTes Ziel vom Azubibetreuer wie folgt formuliert werden:
„Der vollständig (mit den wichtigsten Tätigkeiten) ausgefüllte Ausbildungsnachweis der Vorwoche ist ohne Rechtschreibfehler und unterschrieben immer bis spätestens Montag 12 Uhr bei mir abzugeben (persönlich oder ins Postfach legen). Wenn Sie Montag nicht im Betrieb sind (z. B. wegen des Berufsschulbesuchs, eines Lehrgangs oder Krankheit), ist der Ausbildungsnachweis am nächsten Arbeitstag im Betrieb bis 12 Uhr abzugeben.“ Damit weiß jeder Beteiligte genau, was gemeint wird. Es gibt ein eindeutiges Verständnis zum Ziel. Wie es weitergeht, dazu gleich mehr.

Zuerst möchte ich noch darauf hinweisen, dass es für eine gute Zusammenarbeit unerlässlich ist, schon während des Einführungsgesprächs einige Regeln zu besprechen und / oder gemeinsam Ziele zu vereinbaren. Dann taucht so mancher Konflikt gar nicht erst auf.
Dazu gehören die Arbeits- und Pausenzeiten ebenso wie die Regelungen aus der Arbeitsordnung im Betrieb (zum Beispiel der Umgang mit privaten Telefonaten oder

der Handynutzung). Ist ein individueller Handlungsspielraum möglich, können die Ziele gemeinsam mit dem Auszubildenden besprochen und festgelegt werden. So zum Beispiel die Abgabe der wöchentlichen Ausbildungsnachweise, wie oben beschrieben. Denn gerade über die unregelmäßige Abgabe der Ausbildungsnachweise ärgern sich Ausbildungsbeauftragte oft. Und wenn ich dann frage, welche Regelung mit den Auszubildenden zur Abgabe getroffen wurde, ist die Antwort manchmal: *„Das muss doch klar sein. Wöchentlich. Beim vorherigen Auszubildenden hat es ja auch funktioniert."* Beim einen läuft alles wie von alleine, beim anderen Auszubildenden nicht. Jeder Auszubildende ist individuell zu sehen und gerade an einem bestimmten Stand seiner eigenen Entwicklung. Die persönliche Reife ist nicht bei allen gleich. Besprechen Sie solche Themen schon zu Beginn, dann sind diese für beide Seiten klar definiert und geregelt.

Vergessen Sie das Nachverfolgen nicht. Auch Lob für die abgegebenen Ausbildungsnachweise freut den Auszubildenden, der hier bisher nachlässig war. (Ebenso stärken Sie mit ein paar anerkennenden Worten den Auszubildenden, bei dem immer alles reibungslos funktioniert.) Wenn das Berichtsheft um 12 Uhr noch fehlt, müssen Sie aktiv werden. Es ist hier wichtig, klare Verhaltensregeln aufzustellen und Grenzen aufzuzeigen. Diese müssen dann aber auch konsequent eingefordert werden. Mancher Leser denkt sich nun vielleicht, das sei zu streng. Nein, das ist es nicht. Schüler wie Auszubildende wünschen sich eher strenge Lehrer bzw. Ausbilder. Dies zeigen viele Studien und Interviews mit dieser Zielgruppe. Autoritäten, gerechte und strenge Ausbilder, die den Auszubildenden fördern und zudem Humor haben, sind mehr gefragt als zu lasche und kumpelhafte Ausbilder, bei denen die Auszubildenden dann nicht viel lernen.

Natürlich werden einige Auszubildende versuchen, die Grenzen auszutesten. Das haben wir in diesem Alter doch auch versucht, oder nicht? Hier gilt es konsequent zu handeln, die Ziele und Regeln nach zu verfolgen und sofort einzuschreiten, wenn diese nicht eingehalten werden. Dann sind Gespräche zu führen und eventuelle Maßnahmen zu ergreifen. Oft hilft es schon den Sinn und Zweck einer Regelung genauer zu erklären.

Die Konsequenz für einen Regelverstoß oder ein Nichteinhalten eines gemeinsam vereinbarten Ziels muss dem Auszubildenden klar sein. Was passiert, wenn ich den Ausbildungsnachweis nicht rechtzeitig abgebe? Was bedeutet das für den Ausbilder, was für mich? Rein rechtlich ist die Konsequenz übrigens klar: Der Auszubildende hat die Pflicht die Ausbildungsnachweise zu schreiben. Tut er das nicht, muss er nach erfolglosen Gesprächen und Ermahnungen auch mal schriftlich abgemahnt werden, was im schlimmsten Fall bis zur Kündigung führen kann.

Wenn eine Konsequenz angekündigt wurde, muss sie auch durchgeführt werden. Konsequentes Verhalten ist bei der Hundeerziehung ebenfalls sehr wichtig, wie

Sie sicher schon vermutet haben, oder? Oder wie würde Ihr Hund sonst lernen, dass er nicht auf das weiße Sofa hüpfen darf?

Nun aber noch einmal zu den Konflikten. Auf unser Verhalten – und natürlich auch auf das Verhalten unseres Auszubildenden – wirken viele Einflüsse. Diese können ganz unterschiedlich sein oder zu stark oder widersprüchlich auf den Auszubildenden einwirken. Dann können wir erste Signale in seinem Verhalten erkennen, die auf einen Konflikt hindeuten.
In der folgenden Grafik erkennen Sie die unterschiedlichen Einflüsse. Konfliktsignale können körperliche Symptome wie Kopfschmerzen oder starkes Schwitzen sein. Diese zeigen sich ferner durch Lustlosigkeit, Widerspruch oder Aggression.

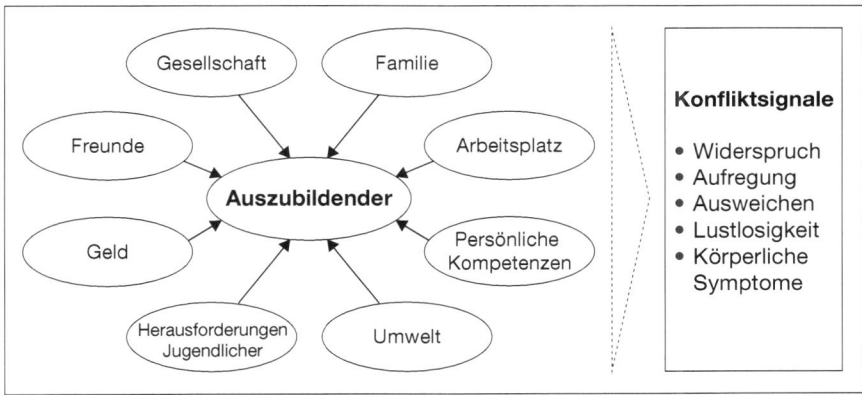

Abb. 6: Einflüsse und Konfliktsignale

Jeder Mensch verfolgt nun verschiedene Strategien, um einen Konflikt zu lösen. Vielleicht erkennen Sie sich hier auch selbst gleich wieder.

1. Rückzug
Manche Personen ziehen sich zurück und gehen dem Konflikt am liebsten aus dem Weg. Manchmal löst sich der Konflikt dann von alleine. In diesem Fall kann das eine durchaus sinnvolle Strategie sein. Aber wenn nicht und wenn das Problem größer wird, ist es möglich, dass diese Reaktion auch zur Gefahr wird.

2. Nachgeben und Durchsetzen
Die Einen geben schnell nach, die Anderen tun alles, um sich durchzusetzen. Hier gibt es Gewinner und Verlierer, was auf Dauer nicht gut ist. Oft wird das eigentliche Problem dadurch überdies nicht gelöst.

3. Kompromiss-Toleranz gegenüber Wünschen des anderen

Diese Strategie stellt einen Mittelweg zum vorherigen Punkt dar. Jeder gibt ein bisschen nach und man einigt sich auf einen Kompromiss. Oft ist mit einem Kompromiss aber niemand so richtig zufrieden.

4. Kooperation

In diesem Weg wird der Konflikt gemeinsam bearbeitet und eine Lösung des Konflikts gesucht, mit der beide Seiten glücklich sind. Daher ist der vierte Weg sehr lösungsorientiert und in die Zukunft gerichtet, was ihn erstrebens- und empfehlenswert macht.

Jedes Konfliktgespräch sollte eine gewisse Struktur haben, um erfolgreich ablaufen zu können. Dies geht von der Vorbereitung über die Durchführung bis zur Nachbereitung. Zu diesen Phasen eines Konfliktgesprächs möchte ich Ihnen nun noch ein paar Tipps geben. Unterschätzen Sie insbesondere die Vor- und Nachbereitung nicht.

Struktur eines Konfliktgespräches

1. Vorbereitung
- Anlass klären
  - Was genau ist vorgefallen?
  - Ist diese Situation schon öfters vorgekommen? Wenn ja, was sind die Hintergründe?
  - Welchen Anteil hat der betroffene Auszubildende an dieser Situation?
  - Haben auch andere einen Anteil? Wenn ja, in welchem Umfang?
  - Habe ich selbst durch mein Verhalten zu dieser Situation beigetragen?
- Ziel klären
  - Was möchte ich dem Azubi sagen bzw. im Gespräch erreichen?
- Widerstände bewusst machen
- auf den Auszubildenden einstellen
- Zeit einplanen
- Rahmenbedingungen beachten (4 Augen, richtiger Zeitpunkt, Sitzordnung, ...)
- evtl. Termin ausmachen

---

2. Durchführung
- positive Gesprächseröffnung
- Anlass nennen
- Zustimmung zu Gespräch einfordern
- Azubi aus seiner Sicht erzählen / bewerten lassen (ernst nehmen, eigene Vorschläge machen lassen)
- aktiv zuhören
- Ursachen herausfinden
- Sachverhalt bewerten (sachlich, Beispiele, Ich-Botschaften)
- klare eindeutige Kommunikation
- künftiges Verhalten vereinbaren (gemeinsame Lösung, evtl. Aktionsplan erstellen, Zusammenfassung)
- Konsequenzen aufzeigen und zur Verhaltensänderung motivieren
- positiven Schluss finden

3. Nachbereitung
- Nachverfolgung: Hält sich der Auszubildende an die Vereinbarung? (Feedback geben, Lob bei guter Entwicklung)
- evtl. Konsequenz ziehen (wichtig: muss vorher vereinbart worden sein)
- Was im Gespräch lief gut, was nicht?
- Was kann ich zukünftig besser machen?

Hier noch ein paar Kommunikationsvorschläge für die Durchführung des Konfliktgespräches als Anregung. Bitte verwenden Sie immer Ihre eigenen Worte.

Ablauf Konfliktgespräch	Kommunikationsvorschläge
Konflikt ansprechen (Ich-Botschaften, WWW-Formel)	*Ich habe gesehen…* *Mich stört…* *Es ärgert mich…*
Eigenes Ziel nennen	*Ich möchte in diesem Gespräch heute … erreichen.* *Mein Ziel für heute ist…*
Ziel des Auszubildenden herausfinden (direkte Fragen und aktiv Zuhören)	*Wie sehen Sie das?* *Was streben Sie an?* *Was möchten Sie erreichen?*
Nach Gemeinsamkeiten suchen	*Was sind die gemeinsamen Punkte?* *Worin stimmen wir überein?*

Lösungsideen suchen, finden und festhalten	*Wie können wir das Problem lösen, damit wir beide (alle) zufrieden sind? Welche Lösung schlagen Sie vor?*
Maßnahmen festlegen	Vereinbarung dazu schriftlich dokumentieren

Zur schriftlichen Dokumentation komme ich gleich noch. Vorher gehe ich erst auf unterschiedliche Fragetechniken ein. Nutzen Sie diese – Azubiflüsterer tun dies auch. Hierzu erhalten Sie wieder ein paar Tipps und Formulierungsbeispiele.

Fragetechniken
1. Offene Fragen   Ziel dieser Fragen ist es, Informationen herauszufinden. Sie beginnen mit einem W-Fragewort.   • Wie gefällt es Ihnen bei uns?   • Welche Aufgaben haben Sie heute gemacht?   • Welche Unterstützung benötigen Sie?   • Wie kam es zu dieser Situation?   • ...
2. Geschlossene Fragen   Die Antwort auf eine geschlossene Frage lautet immer ja oder nein. Damit kann die Kommunikation gut gesteuert werden.   • Möchten Sie, dass ich Ihnen das noch einmal erkläre?   • Finden Sie, dass...   • Können Sie bis Freitag...   • Benötigen Sie...   • ...
3. Hypothetische Fragen   Diese sind in die Zukunft gerichtet und legen den Schwerpunkt auf das Positive: Sie haben Coachingcharakter.   • Mal angenommen,...   • Stellen Sie sich vor,...   • Was wäre, wenn...   • ...
4. Fragen zur Selbsteinschätzung   • Wie schätzen Sie sich selbst in Bezug auf Ihre Präsentationskenntnisse ein?   • Wie finden Sie Ihre Kundenorientierung?   • Welche Note würden Sie sich auf diese Arbeit geben?   • ...

Vermeiden Sie hier bitte suggestive Fragen, wie zum Beispiel *„Sie sind doch auch der Meinung, dass Ihr Verhalten von heute Morgen nicht tragbar ist?"* Dies lässt dem Auszubildenden keine Möglichkeit mehr, seine Meinung darzustellen und unterstellt ein Einverständnis.

Noch ein Wort zur Dokumentation von Vereinbarungen. Lassen Sie sich getroffene Vereinbarungen vom Auszubildenden schriftlich bestätigen. Dies beginnt bei einer E-Mail, die Ihnen der Auszubildende nach dem Gespräch mit der besprochenen Vereinbarung zuschickt. So sehen Sie ganz klar, ob Sie ein gemeinsames Verständnis erreicht haben. Und das geht bis zu kleinen „Verträgen" über die Abmachung, die schriftlich verfasst werden. Wichtig dabei ist, dass der Auszubildende mit seinen Worten zusammenfasst, worauf Sie sich geeinigt haben und wie er sich zukünftig verhalten möchte. Die Vereinbarung sollte dann von ihm oder auch Ihnen beiden unterzeichnet werden.

Hier helfen oft schon „Miniverträge": Immer wenn Ihr Auszubildender zustimmt eine Aufgabe zu übernehmen oder etwas zu tun, stellt diese Zustimmung einen Vertrag dar. Für die Einhaltung ist der Auszubildende verantwortlich. Aus der Übersicht können Sie die wichtigsten Inhalte eines solchen „Minivertrages" entnehmen.

Inhalte „Minivertrag"
• Vertragspartner (Personen, zwischen denen diese Vereinbarung getroffen wird)
• konkrete Inhalte (Ziele und evtl. Teilziele der Vereinbarung)
• Bewertung der Zielerreichung (auf welche Art und Weise erfolgt diese)
• Dauer des „Minivertrages" oder Zieltermin
• Konsequenzen bei Zielerreichung oder bei nicht Erreichen des Ziels

Wichtig in allen Konfliktsituationen ist, dass Ausbildungsbeauftragte hier das Verhalten und die Ereignisse dokumentieren. Sollte es zu einer Abmahnung kommen, müssen Datum, Uhrzeit, eventuelle Zeugen und die konkrete Beschreibung des Verhaltens möglichst lückenlos dokumentiert sein. Ohne diese Dokumentation ist kein rechtlicher Schritt möglich.

Manchmal ist es dabei notwendig, die eigenen Grenzen zu erkennen. Beim einen oder anderen Thema sind Ausbildungsbeauftragte (und auch Ausbilder) einfach überfordert.
Zum Beispiel bei vermuteten psychologischen Problemen unseres Auszubildenden oder bei Drogenkonsum kann ich nur empfehlen, dass Sie sich hier möglichst schnell professionelle Hilfe holen. Informieren Sie auch den Ausbildungsverantwortlichen

frühzeitig bei Problemfällen. Umso eher geholfen werden kann, umso besser ist es für den Auszubildenden, für den Ausbildungsbetrieb und am Ende auch für Sie.

3.5 Wie führe ich ein Beurteilungsgespräch?

Neben den Feedbackgesprächen (und vielleicht auch dem ein oder anderen Konflikt-gespräch) ist am Ende der Praxisphase ein Beurteilungsgespräch zu führen. In den meisten Unternehmen gibt es hierzu einen standardisierten Beurteilungsbogen. Der Umfang geht von einer bis zu mehreren Seiten. Manchmal wird dieser Bogen auch Entwicklungs- oder Förderbogen genannt.

Auf diese firmenspezifischen Besonderheiten kann ich hier natürlich nicht im Detail eingehen. Dennoch sollten Sie einiges über dieses besondere Gespräch wissen, das nach jedem Praxiseinsatz mit dem Auszubildenden zu führen ist.

Wenn es bei Ihnen keinen eigenen Bogen gibt, auf dem das Abschlussgespräch dokumentiert wird, führen Sie bitte ein ausführliches Feedbackgespräch. Dieses rundet den Azubieinsatz in Ihrer Abteilung gut ab. Der Vorteil eines Beurteilungs-bogens liegt darin, dass der Auszubildende weiß, welche Kompetenzen im Unter-nehmen besonders wichtig sind und zu welchem Verhalten er beurteilt wird. Die Verhaltensmerkmale sind somit in jeder Abteilung gleich. Durch die schriftliche Fixierung auf dem Bogen kann er vergleichen und sieht, wie er sich in den einzelnen Kriterien entwickelt. Für den Ausbildungsverantwortlichen bzw. die Personalabtei-lung sind diese Bogen dann eine Grundlage für das qualitative Zeugnis am Ende der betrieblichen Ausbildung.

Zusammenfassend ist zu sagen, dass mit der Beurteilung von Auszubildenden grundsätzlich mehrere Ziele verfolgt werden:
* Der Auszubildende erhält eine Rückmeldung über seinen Ausbildungsstand.
* Es gibt eine schriftlich fixierte Beurteilung über seine Leistung und sein Ver-halten.
* Daraus können fördernde Maßnahmen abgeleitet werden.
* Es werden aussagefähige Daten für ein qualifiziertes Zeugnis am Ausbildungsende erhoben.
* Das Gespräch soll zu weiteren Lern- und Arbeitsleistungen motivieren, den Auszubildenden in manchen Verhaltensweisen bestärken, andere dagegen verändern.
* Die Beurteilung verfolgt auch das Ziel, ein Ansporn zu sein, um eventuelle Leistungsdefizite zu erkennen und gemeinsam zu lösen.
* Zudem kann das Beurteilungsgespräch der Klärung späterer Einsatzmöglich-keiten dienen.

Daraus ergibt sich eine Reihe von Vorteilen für den Auszubildenden:
- Sein Verhalten und seine Leistung werden ihm bewusst und können reflektiert werden. Dies dient auch der Selbsterkenntnis (Wie weit reicht mein momentanes Verhalten von dem ab, welches ich zeigen möchte und mein Ausbildungsbetrieb von mir erwartet?).
- Dadurch, dass der Auszubildende mit einem größeren Wissensschatz in der nächsten Abteilung startet, wird der Prozess des Lernens beschleunigt.
- Ein gut geführtes Beurteilungsgespräch motiviert und stärkt das Selbstbewusstsein.
- Der Auszubildende wird gezielt gefördert und gefordert.

Ein gerechtes und fundiertes Beurteilen ist wichtig. Die Beurteilung soll eine Zusammenfassung dessen sein, was zwischen Azubibetreuer und Auszubildendem bisher bereits erörtert wurde. Es kann daher nicht angehen, dass ein Auszubildender erst im Beurteilungsgespräch erfährt, dass sein Ausbildungsbetreuer zum Beispiel nicht mit der Qualität seiner Arbeit zufrieden ist und während des gesamten Praxiseinsatzes wurde der Auszubildende nicht darauf hingewiesen. Normalerweise werden im Abschlussgespräch keine neuen Themen angesprochen, da alles schon in den Feedbackgesprächen gesagt wurde. Große Überraschungen sollte es hier nicht geben.

In den Ausbildungsbetrieben bekomme ich immer wieder mit, dass ein Vorgesetzter oder Meister das Beurteilungsgespräch mit dem Auszubildenden führt, obwohl dieser ihn gar nicht betreut hat. Daher möchte ich an dieser Stelle ganz klar darauf hinweisen, dass nur der Azubibetreuer (bzw. die Person, die den Auszubildenden während des Praxiseinsatzes täglich betreut und ausgebildet hat) dieses Gespräch führen kann. Wie will denn der Vorgesetzte Beispiele für positive wie negative Verhaltensweisen nennen können, wenn er es gar nicht selbst erlebt hat? Dementsprechend kann der Auszubildende aus so einem Gespräch nicht viel mitnehmen. Möchte Ihr Vorgesetzter beim Gespräch zusätzlich anwesend sein, so ist das natürlich möglich. Dann setzen Sie sich zu dritt zusammen. Aber das Gespräch sollten Sie führen und auch die Beurteilungsausprägungen von Ihnen kommen.

Die Beurteilung ist ein Prozess, der schon im Einführungsgespräch beginnt. Denn es wird der gesamte Zeitraum bewertet, in dem der Auszubildende bei Ihnen eingesetzt ist, nicht nur die letzte Woche. Letzteres wäre ein Beobachtungsfehler. Auf diese Fehler gehe ich weiter unten noch ein. Den kompletten Beurteilungsprozess habe ich in der folgenden Abbildung grafisch für Sie dargestellt.

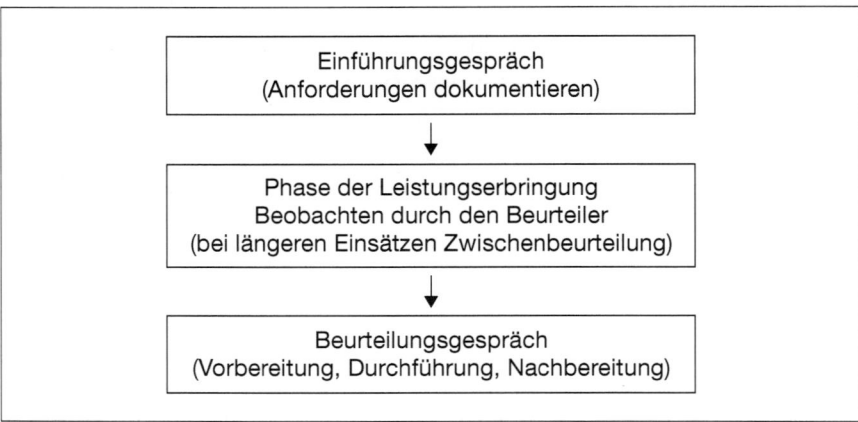

Abb. 7: Beurteilungsprozess

Wie Sie sehen, teilt sich das Beurteilungsgespräch – wie schon das Konfliktgespräch – in die Phasen der Vorbereitung, Durchführung und Nachbereitung. Die wichtigsten Punkte dazu sind in der nun folgenden Übersicht für Sie zusammengetragen.

Beurteilungsgespräch

1. Vorbereitung
- Vereinbaren Sie rechtzeitig einen Termin für das Gespräch mit dem Auszubildenden.
- Sprechen Sie auch mit den Kollegen, wie diese den Auszubildenden erlebt haben.
- Bitten Sie den Auszubildenden, den Bogen mit seiner Selbsteinschätzung auszufüllen und mit ins Gespräch zu bringen. Dies ist eine gute Grundlage für das Abschlussgespräch und stellt die Selbstbewertung des Auszubildenden der Fremdbewertung gegenüber.
- Bitten Sie den Auszubildenden schon vorab, sich zu überlegen, wie zufrieden er mit der Betreuung durch Sie war.
- Füllen Sie den Bogen vor dem Termin aus und nehmen die fertige Beurteilung mit ins Gespräch.
- Reservieren Sie einen ruhigen Raum (falls notwendig).
- Nehmen Sie sich ausreichend Zeit für das Gespräch.

---

2. Durchführung

- Führen Sie das Gespräch unter vier Augen und nicht im Großraumbüro.
- Starten Sie positiv in das Gespräch und schaffen eine angenehme Atmosphäre.
- Erläutern Sie das Ziel des Gesprächs.
- Geben Sie zuerst verbal und offen Feedback, bevor Sie auf den Beurteilungsbogen eingehen.
- Gehen Sie den Beurteilungsbogen schematisch Punkt für Punkt durch.
- Beschreiben Sie das Verhalten des Auszubildenden anhand konkreter und nachvollziehbarer Beispiele und Beobachtungen.
- Verwenden Sie nur bekannte Begriffe und Wörter.
- Vermeiden Sie Generalisierungen (immer, jeder, alle,…), da dies meist eine Abwehrhaltung beim Auszubildenden hervorruft.
- Bevorzugen Sie Ich-Botschaften statt Du-Botschaften (siehe Kapitel 3.3)
- Ermuntern Sie den Auszubildenden dazu, sein Selbstbild zu erörtern.
- Hören Sie seiner Argumentation konzentriert zu.
- Geben Sie konkrete Optimierungs- oder Verbesserungsvorschläge oder erarbeiten diese gemeinsam.
- Halten Sie alles schriftlich auf dem Beurteilungsbogen fest.

3. Nachbereitung

- Welche Tipps hat der Auszubildende für den nächsten Einsatz eines Auszubildenden in meiner Abteilung gegeben? Was hat er kritisch bemerkt, etc.
- Wie war der Ablauf des Gesprächs? Was könnte ich beim nächsten Beurteilungsgespräch besser machen?
- Habe ich Du-Botschaften vermieden und eine der Feedbackmethoden angewendet?
- War der Raum in Ordnung?
- Konnte das Gespräch ohne Störung durchgeführt werden?
- Welche Argumente hatte der Auszubildende?
- Habe ich meine Beobachtungen konkret genug beschrieben?
- Wurden Fördermaßnahmen besprochen?
- War der Ausklang des Gesprächs positiv?

Bei der Vorbereitung habe ich Ihnen die vorherige Selbstbewertung des Auszubildenden empfohlen. Probieren Sie das einfach einmal aus. Manche Ausbildungsbeauftragte haben bedenken und befürchten, dass sich die Auszubildenden zu gut einschätzen werden. Die Erfahrung zeigt aber, dass dies selten der Fall ist. Die Selbsteinschätzungen der Auszubildenden sind eher kritischer oder stimmen mit Ihrer Beobachtung überein und sind damit eine gute Grundlage für ein motivierendes Beurteilungsgespräch.

Oft werde ich auch nach der Dauer eines solchen Beurteilungsgespräches gefragt. Dabei kann ich keinen festen Zeitrahmen vorgeben. Das ist sehr individuell und abhängig von vielen Faktoren. So spielen die bisher geführten Feedbackgespräche eine Rolle, der Umfang des Beurteilungsbogens, Fragen des Auszubildenden etc. Meist dauern diese Gespräche ca. 30 – 60 Minuten. Aber auch ein 20-minütiges Gespräch kann im Einzelfall ein gutes Beurteilungsgespräch sein. Bei einer kürzeren Gesprächsdauer bezweifle ich allerdings, dass hier ein Dialog zwischen Ausbildungsbeauftragten und Auszubildenden stattgefunden hat und die Merkmalsausprägungen ausführlich begründet wurden.

Gerade zu Beginn des Gespräches sind ein paar Einstiegsfragen besonders gut geeignet, bevor Sie zum Beurteilungsbogen überleiten.
Daher habe ich Ihnen nun ein paar Möglichkeiten für Fragen zu Beginn des Beurteilungsgespräches zusammengestellt. Ihrer eigenen Kreativität sind dabei aber keine Grenzen gesetzt. Sehen Sie meine Fragen einfach als Anregung und formulieren Sie Ihre eigenen Einstiegsfragen.

Einstiegsfragen zu Beginn des Beurteilungsgespräches

- *Small Talk (Fragen zum Fußballspiel gestern Abend oder zu einer lokalen Veranstaltung etc.)*
- *Was nehmen Sie aus dieser Praxisphase mit?*
- *Welche besonderen Erkenntnisse hatten Sie („Aha-Erlebnisse")?*
- *Woran erinnern Sie sich gerne zurück? Was waren Highlights für Sie?*
- *Was hat Ihnen am meisten Spaß gemacht?*
- *Welche Themen konnten abgeschlossen werden, welche nicht? (Muss noch etwas übergeben werden?)*

Nachdem der Beurteilungsbogen durchgesprochen wurde, gibt es noch weitere Themen, die angesprochen werden sollten und so das Gespräch zu einem guten Abschluss bringen. Auch hierzu wieder ein paar Vorschläge von mir.

Fragen zum Ende des Beurteilungsgespräches

- *Woran erinnern Sie sich nicht gerne zurück?*
- *Was hat Ihnen keinen Spaß gemacht? Und was war der Grund dafür?*
- *Welche Ihrer Erwartungen wurden erfüllt? Welche nicht? Und welche Ursache gab es?*
- *Was kann ich als Ausbildungsbeauftragter verbessern?*
- *Welche Befürchtungen sind eingetreten? Welche nicht? Welche Gründe gab es?*
- *Welche Tipps geben Sie nachfolgenden Azubis, die sich auf den Praxiseinsatz in unserer Abteilung vorbereiten wollen?*

Hier geht es mir darum, dass Sie als Ausbildungsbeauftragter selbst um Feedback bitten sollten. In manchen Betrieben gibt es dazu auch einen eigenen Feedback-bogen, mit dem der Auszubildende den Abteilungseinsatz bewerten kann. Egal, ob es so ein Formular gibt oder nicht, Azubiflüsterer bitten um eine Rückmeldung und fragen den Auszubildenden wie zufrieden er mit dem Praxiseinsatz bei Ihnen ist. Je genauer Sie nach einzelnen Punkten fragen, umso aussagekräftiger wird das Feedback des Auszubildenden werden. Nehmen Sie die nächsten Themen einfach als Anregung.

Fragen an den Auszubildenden zum Feedback an den Azubibetreuer

Wie zufrieden waren Sie mit
- der Organisation des Praxiseinsatzes?
- der Vermittlung der Lernziele?
- den übertragenen Aufgaben?
- der Betreuung während des Einsatzes?
- der Integration in die Abteilung?
- dem Führen der Feedbackgespräche?

Abrunden können wir diesen Themenblock dann damit, dass wir fragen, ob der Auszubildende Tipps für uns hat, wie der Einsatz verbessert werden könnte.

Lassen Sie mich noch eine Bemerkung zur Skala in den Beurteilungsbogen machen. Egal, ob Sie eine Skala zur Bewertung der Merkmalsausprägungen mit Mittelpunkt oder ohne haben, ob es sich um eine fünfstufige oder sechsstufige Skala handelt: Nutzen Sie die gesamte Breite der Skala aus. Dafür ist diese da. Es ist unglaubwürdig, wenn ein Auszubildender in allen Merkmalen die gleiche Ausprägung zeigt. Also z. B. im gesamten Beurteilungsbogen das Kreuz an der zweiten Stelle gemacht wird. Jeder Mensch – auch Sie und ich – hat Stärken und Schwächen und wird nicht in allen Kompetenzen gleich gut sein. Das muss dem Auszubildenden im Beurteilungsgespräch auch vermittelt werden.
Wo immer es möglich ist, erklären Sie Ihre Beurteilung bitte in Worten. Oft gibt es hierzu eigene Textfelder. Schreiben Sie an dieser Stelle Beispiele hinein oder nutzen Sie das Feld für weitere Erläuterungen. Diese Texte sind oft viel aufschlussreicher als das Kreuz allein.

Außerdem hilft ein zu positiv ausgefüllter Beurteilungsbogen weder dem Auszubil-denden, noch dem Unternehmen. Der Auszubildende weiß nicht, wo er Stärken hat und auch nicht, wo er sich noch weiter entwickeln sollte. Bei der Übernahme kann es dann passieren, dass plötzlich eine Abteilung nach der anderen sagt: *„Ja den*

Auszubildenden möchten wir nicht. Dessen Leistung und Verhalten waren nicht in Ordnung." Im Beurteilungsbogen war das aber nicht zu erkennen. Dann steht der Ausbildungsverantwortliche vor einem großen Problem. Insbesondere wenn es eine tarifliche Übernahmegarantie gibt. Erklären Sie in diesem Fall dem Betriebsrat oder auch dem Auszubildenden, der um juristischen Beistand gebeten hat, warum plötzlich seine Leistung nicht gut gewesen sein soll und er keinen Arbeitsplatz im Unternehmen bekommt, wenn es nicht im Beurteilungsbogen dokumentiert ist.

Damit sind wir auch schon bei den Beurteilungsfehlern angekommen. Es gibt eine Reihe von Beurteilungsfehlern, die möglichst ausgeschlossen werden sollten. Mit der ausführlichen Tabelle, die die wichtigsten Beurteilungsfehler enthält, möchte ich Sie für diese Fehler sensibilisieren. Diese sollten so gut es geht vermieden werden.

Beurteilungs-fehler	Bedeutung	Beispiel
Falsche Generalisierung	Eine Einzelbeobachtung wird verallgemeinert.	Ein Azubibetreuer sieht wie sein Auszubildender unfreundlich zu einem Kunden ist und bewertet daher im Beurteilungsbogen die Freundlichkeit schlecht. Er geht davon aus, dass der Auszubildende immer unfreundlich zu Kunden ist und beobachtet nicht weiter. Dabei könnte es durchaus sein, dass viele andere Kundengespräche sehr freundlich geführt wurden.
Der erste Eindruck (Primacy-Effekt)	Erste Eindrücke wirken nachhaltig und werden in die Endbeurteilung übernommen.	In den ersten Tagen der Einsatzphase drückt sich der Auszubildende undeutlich aus. Daher wird seine mündliche Ausdrucksfähigkeit schlecht bewertet, obwohl dies vielleicht nur aus Gründen der Nervosität am Anfang der Fall war. Auch hier wird der gesamte Zeitraum als Grundlage für die Beurteilung herangezogen.

Beurteilungs-fehler	Bedeutung	Beispiel
Der letzte Eindruck (Recency-Effekt)	Der letzte Eindruck vom Auszubildenden verzerrt die Beurteilung.	Manchmal vergessen Ausbildungsbeauftragte, dass es bei der Beurteilung um einen ganzen Zeitraum (z. B. Januar bis März eines Jahres) geht. Erst am Ende des Einsatzes (hier Ende März) denkt der Ausbilder an die anstehende Beurteilung. In den letzten Tagen wird der Auszubildende dann verstärkt beobachtet und aus diesen Beobachtungen die Beurteilung geschrieben.
Sympathie-Effekt (Gegenteil: Ablehnungs-Effekt)	Wir neigen dazu, uns sympathische Menschen positiver zu beurteilen als uns unsympathische Menschen.	Ein uns sehr sympathischer Auszubildender bekommt eine bessere Beurteilung als ein uns unsympathischer Auszubildender.
Strengeeffekt	Die Tendenz sehr streng zu beurteilen. (Sehr) gute Beurteilungen gibt es nicht.	Typische Aussagen eines Betreuers, der zu streng beurteilt: *„Ein Kreuz in der besten Merkmalsausprägung gibt es bei mir nicht, der Auszubildende braucht ja noch Entwicklungspotenzial nach oben."* *„Ein Auszubildender kann noch gar keine sehr gute Arbeitsplanung haben."* *„Wenn ich das Kreuz bei Fachwissen an die erste Stelle setze, wäre der Auszubildende ja besser als ich".* Bedenken Sie: Es geht nicht um einen Vergleich mit Ihnen. Sondern um die Anforderungskriterien, die Sie an einen Auszubildenden in einem bestimmten Ausbildungsjahr und -beruf haben.

Beurteilungs-fehler	Bedeutung	Beispiel
Tendenz zur Mitte	Die Tendenz, gerne eine Durchschnittsbeurteilung abzugeben (die Mitte anzukreuzen), um einem guten oder schlechten Urteil aus dem Weg zu gehen.	Dies tritt eher bei Beurteilungsbogen mit einer ungeraden Skala auf. Hier wird dann vom Ausbildungsbeauftragten die Mitte angekreuzt, um eine konkrete Aussage zu vermeiden.
Mildefehler	Die Neigung, andere mit Rücksicht und zu milde zu beurteilen.	Der Auszubildende bekommt eine zu gute Bewertung, die nicht der gezeigten Leistung entspricht. Manchmal möchten Ausbilder dem Auszubildenden etwas (vermeintlich) Gutes tun oder einer Diskussion aus dem Weg gehen und sind aus diesem Grund zu milde.
Überstrahlungseffekt (Halo-Effekt)	Schluss von einem Merkmal, das den Beurteiler besonders stark beeindruckt, auf alle anderen.	Stellen Sie sich dazu einen Auszubildenden mit sehr guter mündlicher Kommunikationsfähigkeit vor. Er kann sich sehr gut ausdrücken, spricht flüssig und überzeugend. Von dieser Eigenschaft können wir so fasziniert sein, dass uns auf den ersten Blick gar nicht auffällt, dass der Inhalt des Gesprochenen oder die Qualität der Arbeitsergebnisse vielleicht nicht die Besten sind.

Beurteilungs-fehler	Bedeutung	Beispiel
Korrekturfehler	Der Ausbilder orientiert sich zu stark an den bisherigen Beurteilungen und ist nicht bereit, gezeigte Veränderungen angemessen zu bewerten.	In der Praxis kann das in zwei Situationen passieren: 1. Ein Auszubildender kommt das zweite Mal in die gleiche Abteilung und der Ausbilder bewertet nicht nur das Verhalten in der zweiten Praxisphase, sondern lässt auch Verhaltensweisen, die früher gezeigt wurden, mit einfließen. 2. Natürlich sprechen Azubibetreuer auch miteinander und unterhalten sich über Auszubildende. Da kann es dann passieren, dass Ausbilder A vom Ausbilder B erfährt, wie zufrieden dieser gerade mit dem Auszubildenden ist, der demnächst zu Ausbilder A kommt. Wenn Ausbilder A nun aber nicht so zufrieden mit dem Verhalten des Auszubildenden ist, aber eine gute Bewertung aufgrund der Zufriedenheit des Ausbilders B gibt, entsteht der Korrekturfehler. (Im umgekehrten Fall natürlich genauso.)
Hierarchie-fehler	Höherrangige werden grundsätzlich besser beurteilt.	Auf die Ausbildung übertragen, würde dies bedeuten, dass zum Beispiel Auszubildende mit Abitur stets eine bessere Beurteilung erhalten als Auszubildende mit Realschulabschluss.

Beurteilungs-fehler	Bedeutung	Beispiel
Kontrastfehler	Dieser kann sich in zwei unterschiedlichen Ausprägungen zeigen: 1. Beim Auszubildenden werden solche Persönlichkeitsmerkmale wahrgenommen, die man selbst nicht hat. 2. Durch Unterschiede zwischen zwei Personen, die man vergleicht, werden die wahrgenommenen Eigenschaften unverhältnismäßig verstärkt.	1. Wenn Sie ein sehr teamorientierter Mitarbeiter sind und Ihr Auszubildender eher ein Einzelkämpfer, fällt Ihnen das besonders auf. Hier tendiert man dann dazu, den Auszubildenden im Merkmal Teamfähigkeit gleich besonders schlecht zu bewerten. Hintergrund: Der Kontrast zu Ihnen ist zu groß. 2. Auf einen sehr extrovertierten Auszubildenden folgt ein ruhigerer. Beim Kontrastfehler wird der Introvertierte dann gleich viel schlechter bewertet, weil der Kontrast sehr stark zwischen den beiden Auszubildenden ist.
Vorurteil	Eine vorab wertende Meinung über eine andere Person.	Weil ein Ausbildungsbeauftragter Brillenträger für intelligenter als Nicht-Brillenträger hält, bekommen Auszubildende mit Brille eine bessere Bewertung.
Korrelationsfehler	Es wird zu Unrecht eine logische Verbindung zwischen zwei Beurteilungsmerkmalen angenommen.	Ein Ausbildungsbetreuer ist der Meinung, dass ein Auszubildender, der sich mündlich gut ausdrücken kann, auch gute Berichte schreibt. Ohne Überprüfung bekommt der Auszubildende dann eine gute Bewertung in mündlicher wie schriftlicher Ausdrucksfähigkeit.
Kontaktfehler	Je mehr Kontakt zwei Personen zueinander haben, desto besser ist die Beurteilung.	Je besser sich Ausbildungsbetreuer und Auszubildender kennen und je mehr Kontakt diese zueinander in der Praxisphase haben, desto besser fällt die Beurteilung aus.

Das ist leider eine ganze Menge, was bei der Beurteilung schief laufen kann. Und am Ende müssen wir uns natürlich dennoch klar darüber sein, dass es die 100-prozentig objektive Beurteilung nicht gibt. Trotzdem sollten wir versuchen, möglichst objektiv zu sein.

An dieser Stelle finden Sie daher noch ein paar Tipps, wie Azubiflüsterer zu einer guten und möglichst objektiven Beurteilung Ihres Auszubildenden kommen können.

- Denken Sie bei der Erstellung der Beurteilung an den gesamten Einsatzzeitraum.
- Vergessen Sie möglichst, was Sie vorher über den Auszubildenden gehört haben.
- Starten Sie gleich am ersten Tag mit der Beobachtung.
- Machen Sie sich Notizen (diese helfen Ihnen auch schon bei den Feedbackgesprächen).
- Beobachten Sie den Auszubildenden in verschiedenen Situationen.
- Bedenken Sie, dass es um Verhaltensausprägungen geht, die Sie bei einem Auszubildenden in seinem Ausbildungsjahr erwarten können. Das hat nichts mit der Arbeitsleistung von Kollegen oder Ihrer eigenen Arbeit zu tun.
- Sind Sie sich Ihrer eigenen Stärken und Schwächen bewusst und vergleichen Sie sich hier nicht mit dem Auszubildenden.
- Betrachten Sie jedes zu bewertende Merkmal einzeln für sich.
- Nutzen Sie die gesamte Skala der Merkmalsausprägungen. Wenn Sie dem Auszubildenden nicht sagen, wo er gut ist und wo er sich noch verbessern sollte, kann er sich nicht weiterentwickeln und nicht besser werden. Ein Beurteilungsgespräch mit einem *„Passt schon alles"* bringt dem Auszubildenden nichts. Bitte differenzieren Sie und geben dem Auszubildenden eine ehrliche Rückmeldung, die ihn weiterbringt.
- Vergleichen Sie Auszubildende möglichst nicht miteinander, sondern beurteilen jeweils einzeln an den Anforderungen.
- Wenn Sie den Beurteilungsbogen in Ruhe ausgefüllt haben, gehen Sie die obige Liste der Beurteilungsfehler noch einmal durch und überlegen, ob Sie wirklich objektiv genug waren.

3.6 Checkliste „Kommunikation mit Auszubildenden"

Das war jetzt doch einen ganze Menge im Kapitel Kommunikation. Zum Abschluss gibt es nun wieder eine Checkliste. Hier können Sie ganz einfach kontrollieren, wie gut Sie die Gespräche schon mit Ihren Auszubildenden führen.

Bringen Sie Ihrem Auszubildenden ausreichend Respekt und Wertschätzung entgegen?	☐ ja ☐ nein
Sind Sie sich Ihrer Vorbildfunktion bewusst und handeln entsprechend?	☐ ja ☐ nein
Verhalten Sie sich loyal gegenüber Ihrem Auszubildenden?	☐ ja ☐ nein
Nehmen Sie sich ausreichend Zeit für die Betreuung des Auszubildenden?	☐ ja ☐ nein
Übergeben Sie Verantwortung an Ihren Auszubildenden?	☐ ja ☐ nein
Ist Ihnen die Macht des ersten Eindrucks bewusst?	☐ ja ☐ nein
Kommunizieren Sie klar und deutlich mit Ihrem Auszubildenden und sprechen alle Themen direkt an?	☐ ja ☐ nein
Ist Ihnen der Unterschied zwischen Meinen und Verstehen klar?	☐ ja ☐ nein
Haben Sie einen Streit schon einmal bis zum Ausgangspunkt zurückverfolgt?	☐ ja ☐ nein
Hören Sie dem Auszubildenden richtig zu?	☐ ja ☐ nein
Passt Ihre Körpersprache und Mimik zum Gesprächsthema?	☐ ja ☐ nein
Loben Sie den Auszubildenden ausreichend?	☐ ja ☐ nein
Geben Sie das Feedback	☐ ja ☐ nein
• in einem ruhigen Raum?	☐ ja ☐ nein
• unter vier Augen?	☐ ja ☐ nein
• in einer angenehmen Atmosphäre?	☐ ja ☐ nein

- zeitnah?   ☐ ja ☐ nein

- zu einem geeigneten Zeitpunkt?   ☐ ja ☐ nein

- indem Sie positive wie negative Themen ansprechen?   ☐ ja ☐ nein

- beschreibend?   ☐ ja ☐ nein

- anhand von konkreten Beispielen?   ☐ ja ☐ nein

- bewusst subjektiv?   ☐ ja ☐ nein

- kurz und präzise?   ☐ ja ☐ nein

- durch direkte Ansprache des Auszubildenden?   ☐ ja ☐ nein

- konstruktiv?   ☐ ja ☐ nein

- indem Sie gemeinsam Lösungsmöglichkeiten erarbeiten?   ☐ ja ☐ nein

- indem Sie evtl. Konsequenzen aufzeigen?   ☐ ja ☐ nein

- direkt und nicht über Dritte?   ☐ ja ☐ nein

Holen Sie sich vorab das Committment des Auszubildenden
zum Gespräch ab?   ☐ ja ☐ nein

Geben Sie dem Auszubildenden auch die Möglichkeit, Ihnen
eine Rückmeldung über die Betreuung zu geben?   ☐ ja ☐ nein

Denken Sie in Ruhe über Ihr Feedback nach?   ☐ ja ☐ nein

Wenden Sie während des Feedbackgespräches die Ich-
Botschaften, die WWW-Formel oder Coachingfragen an?   ☐ ja ☐ nein

Haben Sie die Ziele SMART formuliert?   ☐ ja ☐ nein

Wurden die Ziele gemeinsam mit dem Auszubildenden
vereinbart?   ☐ ja ☐ nein

Bereiten Sie sich auf ein Konfliktgespräch ausführlich vor?   ☐ ja ☐ nein

Wurden Konsequenzen aufgezeigt?   ☐ ja ☐ nein

Haben Sie das Konfliktgespräch nachbereitet? ☐ ja ☐ nein

Nutzen Sie die unterschiedlichen Fragetechniken? ☐ ja ☐ nein

Haben Sie „Miniverträge" mit Ihren Auszubildenden abgeschlossen? ☐ ja ☐ nein

Dokumentieren Sie ausreichend? ☐ ja ☐ nein

Bitten Sie um weitere Unterstützung, wenn Sie selbst nicht mehr weiter wissen? ☐ ja ☐ nein

Führt die Person das Beurteilungsgespräch, die den Auszubildenden über die letzten Wochen betreut hat? ☐ ja ☐ nein

Haben Sie sich ausführlich auf das Beurteilungsgespräch vorbereitet? ☐ ja ☐ nein

Wissen Sie, mit welchen Fragen Sie das Gespräch beginnen? ☐ ja ☐ nein

Sind Sie die Übersicht mit den Beurteilungsfehlern durchgegangen, sodass Ihre Beurteilung möglichst objektiv ist? ☐ ja ☐ nein

Nutzen Sie die gesamte Bandbreite der Skala aus? ☐ ja ☐ nein

Bitten Sie den Auszubildenden um ausführliche Rückmeldung zum Abteilungseinsatz und Ihrer Betreuung? ☐ ja ☐ nein

Wissen Sie, mit welchen Fragen Sie eine Rückmeldung vom Auszubildenden erhalten möchten? ☐ ja ☐ nein

Haben Sie sich Gedanken über ein motivierendes Ende des Gespräches gemacht? ☐ ja ☐ nein

4 Lehrmethoden – Wie bringe ich es dem Azubi bei?

Wie vermitteln wir dem Auszubildenden nun die Lerninhalte so, dass er sie auch versteht? Und dass er zudem noch Spaß dabei empfindet. Auch bei der Hunde-erziehung wenden wir – wahrscheinlich ohne dass uns dies bewusst ist – schon die eine oder andere Lehrmethode an. Wir zeigen unserem Hund wichtige Plätze, machen Manches vor oder lassen ihn einfach einmal ausprobieren. Neues Spielzeug wird erst ausgiebig beschnuppert und dann durch ausprobieren kennengelernt. Dass dies etwas dauern kann, wissen wir.

Wie wir die Ausbildungsinhalte nun so vermitteln können, damit diese vom Auszu-bildenden gut verstanden werden, der Auszubildende die Prüfungen besteht und der Praxiseinsatz beiden – dem Auszubildenden und den Ausbildungsbeauftragten Spaß macht – darum soll es in diesem Kapitel gehen.

4.1 Welche Lehrmethoden kann ich anwenden?

Es gibt eine ganze Menge an unterschiedlichen Lehrmethoden. Ich möchte Sie aber im Folgenden nicht mit 50 Lehrmethoden langweilen, sondern Ihnen eher die wichtigsten Methoden und Richtungen aufzeigen. Ausprobieren und entdecken, was Ihnen und Ihrem Auszubildenden am besten liegt und was auch zu Ihren Aufgaben am besten passt, dürfen Sie dann gerne selbst. Dabei können Sie natürlich immer auch einzelne Schritte in den Lehrmethoden anpassen oder durchaus vermischen. Und am wichtigsten: Wechseln Sie mit den Lehrmethoden ab und verwenden Sie nicht immer nur eine Methode. Das macht Ausbildung spannend und Sie zum Azubiflüsterer.

Alle Leser, die die Ausbildung der Ausbilder abgeschlossen haben, können sich sicher noch an die 4-Stufen-Methode (Unterweisung) erinnern. Hier werden die einzelnen Arbeitsschritte durch Vormachen und Nachmachen vermittelt. Im Einzelnen besteht diese Methode – wie der Name schon sagt – aus vier Stufen:

1. Stufe: Vorbereiten
Zu Beginn wird der Auszubildende an die Aufgabe herangeführt, indem er Hinter-grundinformationen erhält und Sinn wie Zweck einer Tätigkeit vom Ausbildungs-beauftragten erläutert werden. Dabei sollten Vorkenntnisse des Auszubildenden beachtet werden und mit einfließen. Zudem wird hier der Arbeitsplatz für die Aufgabe vorbereitet (notwendiges Material, Software, Kleidung etc.).

2. Stufe: Vormachen

Jetzt macht der Azubibetreuer die einzelnen Arbeitsgänge vor und erläutert diese. Es ist sinnvoll, zuerst den gesamten Vorgang zu erklären und dann Schritt für Schritt auf die einzelnen Tätigkeiten einzugehen.

3. Stufe: Nachmachen

Anschließend macht der Auszubildende die gezeigte Tätigkeit nach, während ihn der Ausbildungsbeauftragte beobachtet. Dieser gibt Tipps, stellt Fragen zum Verständnis und lässt den Auszubildenden in seinen Worten zusammenfassen und erklären, was er tut.

4. Stufe: Üben

Der Auszubildende übt nun die neue Tätigkeit weiter ein. Er bekommt Feedback und seine Ergebnisse werden laufend kontrolliert, bis er den Vorgang beherrscht.

Ein Vorteil bei der Unterweisung ist, dass der Auszubildende alle Arbeitsschritte in Theorie und Praxis kennenlernt und durchführt, sodass er diese am Ende sicher und nachhaltig beherrscht. Allerdings nimmt er eine passive, rein lernende Haltung ein. Eigene Ideen können von ihm nur begrenzt eingebracht werden, was seine Kreativität einschränkt.

Für feststehende Prozesse oder Tätigkeiten mit Unfallgefahr eignet sich die Methode dennoch sehr gut und ist in diesen Situationen oft die Methode erster Wahl. Eine Handlungsfähigkeit – das Ziel einer modernen Berufsausbildung – kann allerdings weniger mit dieser reinen Form der Vier-Stufen-Methode vermittelt werden.

Die berufliche Handlungsfähigkeit wird heute oft in vier Kompetenzfeldern beschrieben: der Fach-, Sozial-, Methoden- und Selbstkompetenz. Eine genaue Beschreibung dieser Kompetenzen sehen Sie in der folgenden Abbildung.

Fachkompetenz	Sozialkompetenz
Fertigkeiten, Kenntnisse/ Wissen, Arbeitsqualität	*Team-, Kommunikations-, Konfliktfähigkeit*
Methodenkompetenz	Selbstkompetenz
Arbeitsmethodik	*Leistungsbereitschaft, Motivation, Verantwortung*

Abb. 8: Kompetenzen der beruflichen Handlungsfähigkeit

Heute steht handlungsorientiertes Lernen in der betrieblichen Berufsausbildung im Mittelpunkt. Die berufliche Handlungsfähigkeit wird erreicht durch:

- selbstständiges Planen,
- selbstständiges Durchführen und
- selbstständiges Kontrollieren.

Der Auszubildende sollte möglichst viele eigenständige Erfahrungen machen können. Was man selber gemacht hat, hat man verstanden, kann es anwenden und anschließend auch behalten. Hierfür sollten die Aufgaben, an denen der Auszubildende arbeitet, am besten aus dem realen Arbeitsalltag stammen. Nichts demotiviert mehr, als sich in der Abteilung mit Aufgaben zu beschäftigen, die niemand benötigt und für den Papierkorb erstellt werden. Leider höre ich aber von Auszubildenden immer wieder, dass diese nicht ins Alltagsgeschäft eingebunden werden, sondern Aufgaben erhalten, die nur dazu da sind, den Auszubildenden zu beschäftigen. Diese arbeiten also tatsächlich für den Papierkorb. Würde Sie das motivieren? Ich denke nicht. Zur Motivation erfahren Sie in Kapitel 5 noch einiges mehr. Jetzt bleiben wir erst mal bei den Lehrmethoden.

Wesentlich mehr Möglichkeiten, diese berufliche Handlungsfähigkeit zu erlernen, hat der Auszubildende bei dem Modell der vollständigen Handlung. Dieses besteht aus sieben Phasen:

- **Informieren**
  Der Auszubildende beschafft sich alle notwenigen Informationen für die Aufgabe selbst (z. B. Recherche, Suche nach notwendigen Arbeitsmaterialien usw.).
- **Planen**
  Der Auszubildende erstellt den Arbeitsablauf möglichst selbstständig und überlegt sich die notwendigen Prozessschritte.
- **Entscheiden**
  Beim anschließenden Fachgespräch mit der ausbildenden Fachkraft wird der vorgeschlagene Arbeitsablauf überprüft und entschieden, wie nun weiter vorgegangen wird.
- **Ausführen**
  Nun führt der Auszubildende die erforderlichen Arbeitsschritte selbstständig durch. Der Azubibetreuer hält sich zurück, beobachtet und unterstützt bei Bedarf.
- **Kontrollstufe**
  Aufgrund des erstellten Arbeitsplans kann der Auszubildende einen Soll-Ist-Vergleich an den vorgesehenen Stellen (Meilensteine) durchführen und selbst kontrollieren, ob er auf dem richtigen Weg ist.

- **Bewertung**
  Zuerst bewertet der Auszubildende das eigene Arbeitsergebnis selbstständig, anschließend bewertet der Ausbildungsbeauftragte. Dabei soll die Bewertung anhand vorher festgelegter Kriterien erfolgen.
- **Informationen weitergeben**
  Optimalerweise wird eine Prozessdokumentation erstellt oder andere Mitarbeiter arbeiten gleich direkt mit dem Ergebnis weiter.

Dieses Modell der vollständigen Handlung klingt vielleicht etwas komplizierter als es ist. Es ist sehr ähnlich der Projektmethode, bei der Auszubildende Projekte eigenständig bearbeiten können. Nicht in jeder Abteilung gibt es allerdings solche Projekte. Daher empfehle ich hier immer einzelne Teile der vollständigen Handlung an den Auszubildenden zu übertragen. Zum Beispiel die Stufe 1 (der Auszubildende recherchiert selbstständig zu einem Thema) oder die Stufe 6 (bevor Sie dem Auszubildenden eine Rückmeldung über das Arbeitsergebnis geben, lassen Sie ihn zuerst selbst bewerten). Im letzten Fall können wunderbare Rückmeldungsgespräche entstehen.

Der Vollständigkeit halber erwähne ich hier noch die Phasen der Projektarbeit:

1. Informationsphase
Die Auszubildenden suchen sich notwendige Informationen selbst heraus, um das vorgegebene Ziel zu erreichen.
2. Planungsphase
Dabei werden die Arbeitsschritte schriftlich geplant.
3. Durchführungsphase
Nun geht es an die Umsetzung des Projektes. Alle Entscheidungen werden vom Auszubildenden getroffen (Materialbeschaffung, Rollen-/Aufgabenverteilung). Eventuell werden die Zwischenergebnisse vor dem Ausbilder oder der Abteilung präsentiert.
4. Beurteilungsphase
Erst erfolgt die Selbstbewertung, anschließend die Fremdbewertung durch andere Auszubildende und / oder den Ausbildungsbeauftragten.

Projekte eignen sich sehr gut auch für eine Gruppe von Auszubildenden, die auf diese Weise gemeinsam an einem Thema arbeiten können.

Um die berufliche Handlungsfähigkeit am besten zu erlernen und den Auszubildenden weitestgehend mit einzubeziehen, tritt heute die Lernprozessbegleitung immer mehr in den Vordergrund. Dabei wird der Ausbildungsbeauftragte zum Lernprozessbegleiter. Diese Lernprozessbegleitung vollzieht sich in sieben Schritten:

1. Schritt:
Ein individueller Lernbedarf beim Auszubildenden wird festgestellt.

2. Schritt:
Azubibetreuer und Auszubildender treffen eine Lernvereinbarung zum festgestellten Lernbedarf.

3. Schritt:
Es wird eine geeignete Arbeitsaufgabe ausgewählt. Ziel dieser Aufgabe muss es sein, den Lernbedarf zu verbessern. Ein Beispiel: Ihr Auszubildender hat Probleme beim Telefonieren mit Kunden und tut sich hier sehr schwer (Lernbedarf). Dann ist eine Tätigkeit zu wählen, anhand derer der Auszubildende Telefonieren lernen kann.

4. Schritt:
Diese Aufgabe wird für das Lernen aufbereitet.

5. Schritt:
Während der Auszubildende den Lernprozess selbstständig durchläuft, wird er vom Ausbildungsbeauftragten begleitet und beobachtet.

6. Schritt:
Es werden Zwischengespräche zwischen Auszubildendem und Azubibetreuer geführt.

7. Schritt:
Anschließend wird der Lernprozess gemeinsam ausgewertet.

Die Schritte der Lernprozessbegleitung stellen einen Kreislauf dar. D. h. wenn die Lernziele erreicht wurden, startet der Kreislauf mit einem neuen Lernbedarf in Punkt 1.

Zur Durchführung von Lerneinheiten ist es wichtig zu wissen, wie wir eigentlich lernen. Sehen wir uns dazu die Lernkurve von Hermann Ebbinghaus genauer an.

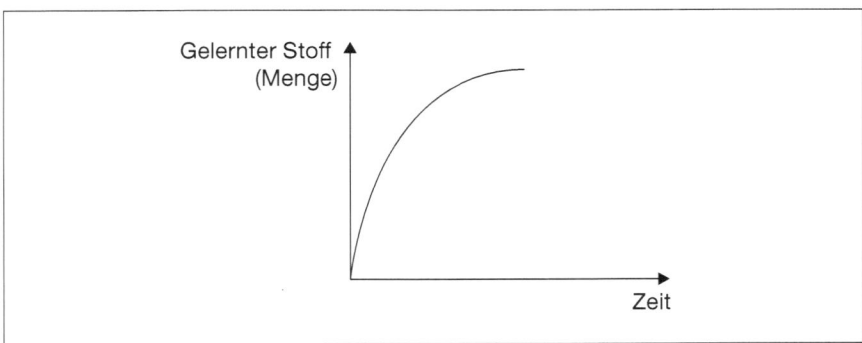

Abb. 9: Lernkurve nach Hermann Ebbinghaus

101

Die Lernkurve verläuft sehr individuell und die Kurve in der Abbildung kann nur als Beispiel gesehen werden. Die Steigung der Lernkurve ist abhängig vom Vorwissen, den Fähigkeiten und Talenten des Auszubildenden, zudem von der gewählten Methodik und dem Lernort.
Um die Lernkurve zu steigern, kommt der Vorbereitung der Lerneinheit und den Rahmenbedingungen eine große Bedeutung zu.

Daher finden Sie nun eine Reihe von Tipps auf Ihrem Weg zum Azubiflüsterer zur Vorbereitung, Durchführung und Nachbereitung einer Lerneinheit.

Vorbereitung Lerneinheit
<ul><li>Thema und Ziel festlegen (klare Aufgabenbeschreibung)</li><li>Lernort auswählen (passende Lernumgebung: Raum, Licht, Lärm, Luft, Temperatur, Arbeitsplatzgestaltung etc.)</li><li>Lernzeit beachten (Biorhythmus, Pausen, ohne Zeitdruck, etc.)</li><li>Feste Lernzeiten (feste Strukturen helfen)</li><li>Lernmethode überlegen</li><li>Lernmedien vorbereiten bzw. bereitstellen</li><li>Einstellen auf den Auszubildenden (Vorkenntnisse, Lerntyp, Motivation, Ausbildungsstand, Alter, körperliche und psychische Belastbarkeit etc.)</li></ul>
Durchführung einer Lerneinheit **(in Abhängigkeit der gewählten Lehrmethode)**
<ul><li>Lehrmethode anwenden</li><li>Ziel definieren (Lernvereinbarung mit dem Auszubildenden treffen)</li><li>Erwartungen nennen (und eventuell abgleichen)</li><li>Sinn der Aufgabe erklären</li><li>Auszubildenden beobachten</li><li>Ansprechpartner sein</li><li>Unterstützen (Fragen zulassen)</li><li>Coachingfragen stellen</li><li>Wiederholen und Zusammenfassen lassen (Sprechen Sie und Ihr Auszubildender vom gleichen Inhalt?)</li><li>Teilziele setzen</li><li>Termine kommunizieren (inkl. Berichts- und Kontrolltermine)</li><li>Wertschätzenden Umgang miteinander pflegen (siehe Kapitel 3)</li><li>Lernerfolg kontrollieren</li><li>Feedback geben</li></ul>

Nachbereitung der Lerneinheit
• Wurde der Lernerfolg erreicht?
• War die Lehrmethode erfolgreich?
• War es die passende Methode für den Auszubildenden?
• Was hätte besser gemacht werden können?
• Was kann in Zukunft beibehalten werden? Was muss geändert werden?
• Hat der Auszubildende eine Rückmeldung an Sie zur Lerneinheit?
• Sprechen Sie mit dem Auszubildenden über seine Erfahrungen während der Lerneinheit.

Führen Ihre Auszubildenden ein Lerntagebuch? Das ist gar nicht so oft der Fall. Wenn es aber geführt wird, dann sehr erfolgreich.

Im Lerntagebuch tragen die Auszubildenden ihre vereinbarten Ziele für den einzelnen Tag oder die ganze Woche ein (natürlich sind auch andere Zeiträume möglich). Dann folgen die täglichen Eintragungen. Was wurde erreicht? Welche Kompetenzen haben die Auszubildenden bei der Aufgabe erworben? Zudem werden eventuell gemachte Fehler, und was aus diesen gelernt wurde, eingetragen. Fehler sind nicht als Zeichen von mangelnder Intelligenz zu sehen, sondern als ganz natürlicher Prozess des Lernens. Bei Wochenzielen geht es dann am Ende der Woche darum, zu erkennen, ob das Ziel erreicht wurde. Hier sollten sich die Auszubildenden Gedanken darüber machen, was zur Zielerreichung geführt hat, oder in sich gehen, warum das Ziel nicht erreicht wurde. Und natürlich ist es auch wichtig, darüber nachzudenken, was noch benötigt wird, damit das Ziel erreicht werden kann. Das Tagebuch sollte regelmäßig mit dem Ausbildungsbeauftragten besprochen werden, der sicher weitere Tipps geben kann. Es ist selbstverständlich auch möglich, das Lerntagbuch elektronisch zu führen.

Beispiel Lerntagebuch

Mein Ziel für diese Woche:

Montag

Was hat mich heute meinem Ziel näher gebracht?

Welche Kompetenzen habe ich dadurch erworben?

Dienstag

Was hat mich heute meinem Ziel näher gebracht?

Welche Kompetenzen habe ich dadurch erworben?

Mittwoch

Was hat mich heute meinem Ziel näher gebracht?

Welche Kompetenzen habe ich dadurch erworben?

Donnerstag

Was hat mich heute meinem Ziel näher gebracht?

Welche Kompetenzen habe ich dadurch erworben?

Freitag

Was hat mich heute meinem Ziel näher gebracht?

Welche Kompetenzen habe ich dadurch erworben?

Welche Fehler habe ich diese Woche gemacht?

Was habe ich aus den Fehlern gelernt?

(Am Ende der Woche:) **Habe ich mein Wochenziel erreicht?**

Was hat mir geholfen, mein Ziel zu erreichen?

Warum habe ich mein Ziel nicht oder nur teilweise erreicht?

Was brauche ich noch, um das Ziel zu erreichen?

Erfolge und Ziele zu visualisieren, zu erreichen und sich dessen bewusst zu sein, ist enorm hilfreich und stärkt das Selbstbewusstsein – nicht nur, aber gerade auch in der Ausbildung.

Im Lehrgespräch erarbeitet der Ausbilder gemeinsam mit dem Auszubildenden Lerninhalte, indem diese fragend entwickelt und herausgearbeitet werden. Dies baut auf bereits vorhandenen Kenntnissen auf. Zur Visualisierung werden Anschauungsmaterialien wie Software am Computer, Skizzen, Maschinen, Ablaufpläne etc. verwendet.

Je nach den zu vermittelnden Ausbildungsinhalten können Sie mit dem Auszubildenden auch Rollenspiele durchführen (z. B. ein Kundengespräch oder ein Telefonat üben) oder Fallbeispiele nutzen. Eine weitere Möglichkeit ist es, mit Leittexten zu arbeiten. Anhand dieser Texte eignen sich die Auszubildenden fachliche Kenntnisse (z. B. den Bau eines elektronischen Schalters) selbstständig an.
Hier verweise ich auf die entsprechende Fachliteratur, die diese und weitere Lehrmethoden ausführlich beschreibt.

Bei der Vorbereitung einer Lerneinheit bin ich schon darauf eingegangen, dass wir uns hier ganz individuell auf den Auszubildenden einstellen müssen. Auf der anderen Seite mag es zudem eine Rolle spielen, was organisatorisch, technisch und zeitlich in Ihrem Unternehmen machbar ist. Dies sollte nicht vergessen werden. Meist ist aber viel mehr möglich, als es auf den ersten Blick den Anschein haben mag. Ausbildung und insbesondere auch die Lerneinheiten kosten zu Beginn Zeit. Aber ein gut unterwiesener Auszubildender wird Sie im Anschluss auch unterstützen können und ein guter Mitarbeiter für Ihren Betrieb werden. Das ist eine wichtige Investition in die Zukunft.

4.2 Welche Lerntypen gibt es?

Bei der Vermittlung von Inhalten und der Anwendung von Ausbildungsmethoden ist es wichtig, die verschiedenen Lernkanäle und Lerntypen zu berücksichtigen und anzusprechen. Nur dann kann Lernen auch erfolgreich sein. Hunde lernen ebenfalls durchaus unterschiedlich. Dabei sollten wir uns bewusst machen, welcher Lerntyp wir selbst sind, und auf der anderen Seite den Lerntypen des Auszubildenden beachten.

Heute wird meist zwischen vier Lerntypen unterschieden. Sie möchten wissen, welcher Lerntyp Sie sind? Im Internet finden Sie einen kleinen Lerntypentest unter http://www.lernfoerderung.de/lernen2012/lernmethoden/Lerntyptest.pdf, der Ihnen eine erste Richtung aufzeigen wird. Wenn Sie in eine Suchmaschine das Wort „Lerntypentest" eingeben, finden Sie noch weitere und ausführlichere Tests. Manche Auszubildenden haben in der Berufsschule oder an anderer Stelle bereits einen Lerntypentest gemacht und kennen ihren Typen bereits. Fragen Sie diese einfach danach. Es gibt aber auch gewisse Anzeichen, die für bzw. gegen einen Lerntypen sprechen. In der folgenden Tabelle erfahren Sie mehr.

Lerntyp	Beschreibung	Wie kann ich ihn erkennen?
Auditiv	Dieser Lerntyp lernt am besten durch das Hören. Er nimmt im Gespräch Informationen leicht auf, lernt gut aus Vorträgen oder durch lautes Sprechen der Inhalte. Hörbücher sind sein Medium.	Wenn Ihr Auszubildender sich keine Notizen macht, Ihnen aber trotzdem nach einigen Minuten die Inhalte aus einem Lehrgespräch gut wiedergeben kann, könnte es sich um einen auditiven Lerntyp handeln.
Visuell	Er lernt am besten durch Sehen und erinnert sich gut an Inhalte aus Büchern, Darstellungen oder Filmen. Dabei versteht er grafische Illustrationen und Ablaufpläne sehr schnell. Inhalte müssen für ihn visualisiert werden. Er lernt durch Lesen und Beobachten. Das Markieren von Texten hilft beim Festigen des Lernstoffes.	Visuelle Lerntypen können sich z. B. gesprochene Namen (bei einer Begrüßung) schlecht merken. Erst wenn sie den Namen geschrieben (z. B. auf einer Visitenkarte) gesehen haben, ist er präsent. Dieser Lerntyp macht sich viele Notizen und schreibt gerne mit.
Kommu-nikativ	Hier wird durch Gespräche gelernt. Diskussionen, Lehrgespräche und den Auszubildenden anderen etwas erklären zu lassen, fördert ihn. Das Internet und Lerngruppen kommen diesem Lerntypen sehr entgegen.	Bereits durch Gespräche kann sich der Auszubildende viel merken. Dieser Lerntyp stellt mit Vergnügen viele Fragen.
Moto-risch	Der motorische Lerntyp lernt am besten durch Anfassen und eigenes Tun. Dabei möchte er selbst mit anpacken und die Dinge ausprobieren können. Er mag es, körperlich aktiv zu sein, z. B. zeichnen, rechnen oder etwas praktisch herstellen. Beim Lernen sollte er möglichst in Bewegung sein.	Dieser Lerntyp wartet nur darauf endlich selbst Hand anlegen zu dürfen und eine Aufgabe praktisch durchzuführen. Bei wortreichen Erklärungen wirkt er dadurch manchmal ungeduldig.

Ganz wichtig ist mir an dieser Stelle der Hinweis, dass es bei den Lerntypen kein richtig oder falsch gibt. Jeder trägt die Merkmale eines Lerntyps mehr oder weniger in sich. Natürlich gibt es auch Mischtypen. Es gibt so viele unterschiedliche Lernwege wie Auszubildende. Dennoch ist es bedeutend zu wissen, warum ich mir leichter tue auf die eine Art zu Lernen und es mir auf eine andere Art schwerer fällt. Diese Erkenntnis kann dann bei Prüfungen und in allen anderen Situationen, in denen es darum geht, sich Wissen anzueignen, genutzt werden.

Was bedeutet es aber für Sie als Ausbildungsbeauftragte? Wenn Sie den gleichen Lerntypen haben wie Ihr Auszubildender, ist alles wunderbar. Aber wenn nicht, sollten Sie unbedingt öfters von Ihren eigenen gewohnten Methoden abweichen und dem Auszubildenden entgegenkommen. Sind Sie sich unsicher, welchen Lerntypen Ihr Auszubildender hat? In diesem Fall ist es am besten, diesem die Inhalte immer so zu vermitteln, dass Sie viele Methoden zur gleichen Zeit nutzen. Sie sprechen mit dem Auszubildenden, stellen ihm Fragen, zeigen ihm dazu Informationen und lassen ihn selbst ausprobieren bzw. Hand anlegen.

Lernende behalten – dies ist aus der Lernforschung bekannt – durchschnittlich etwa
- 20 % von dem, was sie gehört haben.
- 30 % von dem, was sie gesehen haben.
- 50 % von dem, was sie gehört und gesehen haben.
- 70 % von dem, was sie selbst gesagt bzw. formuliert haben.
- 90 % von dem, was sie selbst erarbeitet und selbst ausgeführt haben.

Geben Sie Zeit zum Wiederholen und verarbeiten des neuen Stoffes. Diese Wiederholung führt zur besseren Verankerung des Erlernten. Damit können dann auch die 100 % Wissen erreicht werden.

Sprechen wir also möglichst viele Sinne an und beteiligen die Auszubildenden aktiv an den aktuellen und realen Aufgaben, die in der Abteilung anstehen. Sehr passend zu diesem Thema finde ich hier ein Zitat von Konfuzius:

„Erzähle es mir – und ich werde es vergessen,
zeige es mir – und ich werde mich erinnern,
lass es mich selbst tun – und ich werde es begreifen."

Bei der Vermittlung von Inhalten sind ferner die pädagogischen Grundsätze zu beachten:

- Vom Bekannten zum Unbekannten
  Unbekanntes kann manchmal Angst erzeugen. Suchen Sie daher nach Anknüpfungspunkten und Vorkenntnissen, um das Neue damit zu verbinden. Verknüpfen Sie auch ganz bewusst neues Wissen mit schon Bekanntem.
- Vom Leichten zum Schwierigen
  Für Auszubildende ist es sinnvoll, wenn diesen zuerst die einfachen Grundlagen vermittelt werden und sie dann schrittweise an schwierigere Tätigkeiten herangeführt werden.
- Vom Einfachen zum Komplexen
  Zergliedern Sie eine Aufgabe in kleine einfache Lernportionen und beginnen dann langsam mit komplexeren Themen.
- Vom Konkreten zum Abstrakten
  Erklären Sie Neues am Besten anhand von konkreten Beispielen.

Vieles davon haben Sie bisher sicher schon so gemacht. Aber manchmal ist es gut, sich diese Grundsätze wieder ins Bewusstsein zu rufen.

Nutzen Sie Medien, wann immer sie Ihnen zur Verfügung stehen. Diese visualisieren und helfen zu veranschaulichen. Dabei können Sie auf eine Reihe von ganz unterschiedlichen Materialien zurückgreifen – natürlich in Abhängigkeit des Berufes. Hier ein paar Beispiele: Moderationsmaterialien, Lehr- und Fachbücher, PC-Software, Internet, DVD, Aufzeichnungen, Lernprogramme, Merkblätter, Rundschreiben, Ablaufdiagramme, Übungsmaterialien, Aufzeichnungen ehemaliger Auszubildender, Lernzielkataloge, Modelle, Arbeitsblätter, -geräte, Nachschlagewerke, Maschinen etc.
Verwenden Sie – soweit es möglich ist – auch moderne Medien (Smartphone, Tablet, Soziale Medien etc.). Ihr Auszubildender wird sich sicher darüber freuen.

Und wenn wir es – genauso wie ein Azubiflüsterer – schaffen, das Lernen noch mit einem Gefühl zu koppeln, sind nach Professor Hüther die Lernerfolge sicher. Können Sie den Lerninhalt mit Spaß, einem Witz oder einem Hobby Ihres Auszubildenden verbinden? Neues Wissen verankert sich viel besser im Gehirn, wenn Erlebnisse und Emotionen mit dem Lernen verknüpft werden. Schaffen Sie dabei Situationen, die Ihren Auszubildenden zum Mitdenken und Nachfragen anregen. Laden Sie Ihren Auszubildenden dazu ein, mit Ihnen zu Lernen und dabei Spaß zu haben.

Noch ein paar Hinweise zum Spaß: Es ist eine tolle Erfahrung, die Entwicklung eines jungen Menschen begleiten zu können. Ja, Ausbilden macht Spaß. Und Sie sollten zusammen mit dem Auszubildenden Spaß haben und diesen genießen. Unser Gehirn liebt Abwechslung und spielerische Einheiten. Und gemeinsames Lachen verbindet.

Spaßbringer sind zum Beispiel Freiräume, die Sie dem Auszubildenden lassen, Erfolgserlebnisse und natürlich für den Auszubildenden das Arbeiten an realen Aufgaben. Geben Sie dem Auszubildenden die Gelegenheit, zu zeigen, was er kann. Ermutigen und inspirieren Sie ihn.

Auch gemeinsame Aktivitäten machen Spaß und fördern oft die Motivation auf Seiten des Auszubildenden wie des Azubibetreuers. Das kann ein Weißwurstessen am Freitagvormittag, ein gemeinsames Frühstück oder der abendliche Biergartenbesuch sein.

Denken Sie dabei an eine möglichst klare Trennung zwischen reinen Spaßphasen und Lernen. Dann kann sich der Auszubildende besser orientieren.

Informationen, die als sinnlos oder unwichtig empfunden werden und für die keine Notwendigkeit gesehen wird, werden dagegen leicht vergessen. Dann macht Ausbildung keinen Spaß mehr. Ich denke, Sie können das gut selbst nachvollziehen. Wie Ausbilden noch mehr Spaß machen kann – Ihnen und dem Auszubildenden – damit werden wir uns im nächsten Kapitel ausführlich beschäftigen.

4.3 Checkliste „Lehrmethoden"

Jetzt sind Sie wieder an der Reihe. Überprüfen Sie mit Hilfe dieser Checkliste, inwieweit Sie schon moderne Lehrmethoden anwenden, Wissen erfolgreich vermitteln oder sich hier noch verbessern können. Die wichtigsten Punkte habe ich in der Liste für Sie zusammengefasst.

Wechseln Sie bei den Lehrmethoden ab?	☐ ja	☐ nein
Werden alle Handlungskompetenzen beim Auszubildenden angesprochen?	☐ ja	☐ nein
Kann der Auszubildende selbstständig Arbeiten (Planen, Durchführen und Kontrollieren)?	☐ ja	☐ nein
Arbeiten Sie mit dem Auszubildenden hauptsächlich an realen Aufgaben?	☐ ja	☐ nein
Haben Sie Projekte, die der Auszubildende durchführen kann?	☐ ja	☐ nein
Lassen Sie den Auszubildenden das Arbeitsergebnis selbst bewerten, bevor Sie eine Rückmeldung dazu geben?	☐ ja	☐ nein
Wurde die Aufgabe klar beschrieben, Thema und Ziel festgelegt?	☐ ja	☐ nein
Ist die passende Lernumgebung vorhanden?	☐ ja	☐ nein
Haben Sie sich auf den Auszubildenden eingestellt?	☐ ja	☐ nein
Treffen Sie Lernvereinbarungen mit Ihrem Auszubildenden?	☐ ja	☐ nein
Vermitteln Sie den Sinn einer Aufgabe?	☐ ja	☐ nein
Kontrollieren Sie den Lernerfolg regelmäßig und geben Feedback?	☐ ja	☐ nein
Lassen Sie den Auszubildenden die Aufgabenstellung sowie die Prozessschritte in seinen eigenen Worten wiederholen?	☐ ja	☐ nein
Setzen Sie bei größeren Aufgaben Teilziele?	☐ ja	☐ nein
Bereiten Sie eine Lerneinheit nach und überlegen anschließend, ob noch etwas verbessert werden kann?	☐ ja	☐ nein

Sprechen Sie auch mit dem Auszubildenden über sein Feedback zur Lerneinheit?	☐ ja	☐ nein
Führen Ihre Auszubildenden ein Lerntagebuch?	☐ ja	☐ nein
Haben Sie schon einmal gemeinsam mit Ihrem Auszubildenden überlegt, wie sie seine Lernkurve steigern können?	☐ ja	☐ nein
Kennen Sie Ihren eigenen Lerntyp?	☐ ja	☐ nein
Beachten Sie den Lerntyp Ihres Auszubildenden?	☐ ja	☐ nein
Nutzen Sie ausreichend (moderne) Medien zur Veranschaulichung?	☐ ja	☐ nein
Beachten Sie die pädagogischen Grundsätze?	☐ ja	☐ nein
Verbinden Sie den Lerninhalt mit Emotionen?	☐ ja	☐ nein
Haben Sie gemeinsam mit Ihrem Auszubildenden Spaß beim Lernen?	☐ ja	☐ nein

Sehen Sie sich die Fragen, die Sie mit einem „Nein" beantwortet haben, noch einmal genauer an und arbeiten an diesen. Dann haben Sie Ihren Weg zum Azubiflüsterer schon fast geschafft.

5 Motivation – Motiviere ich den Auszubildenden oder mich?

Oft werde ich nach Tipps zur Motivation von Auszubildenden gefragt. Da stelle ich dann gerne die Gegenfrage, ob denn der Ausbildungsbeauftragte motiviert ist? Warum? Weil das schon ein sehr entscheidender Aspekt bei der Motivation in der Ausbildung ist. Daher widme ich Ihnen und Ihrer eigenen Motivation hier auch ein eigenes Kapitel.

Sicher sind Sie nicht jeden Tag gleich motiviert, wenn Sie am Morgen mit Ihrem Hund Gassi gehen, oder? Und auch Ihr Hund wird an manchen Tagen freudig immer wieder seinen Ball bringen und an anderen Tagen nach einer Weile die Lust verlieren. Was können wir dann tun? Einfach weiter den Ball werfen (und ihn vielleicht selbst wieder holen – im Sinne des Vormachens)? Wechseln Sie den Platz? Werfen Sie etwas anderes? Zeigen Sie Ihre eigene Begeisterung dann ganz besonders stark? Genau auf diese Dinge gehe ich in diesem Kapitel ein und wünsche Ihnen schon jetzt viele inspirierende Gedanken beim Lesen.

5.1 Wie motiviere ich meinen Auszubildenden?

Zum Beginn erhalten Sie erst einmal ein paar grundlegende Informationen zum Thema Motivation. Die drei Faktoren der Leistungsmotivation können nämlich in ganz unterschiedlicher Art und Weise von Ihnen als Ausbildungsbeauftragten beeinflusst werden.

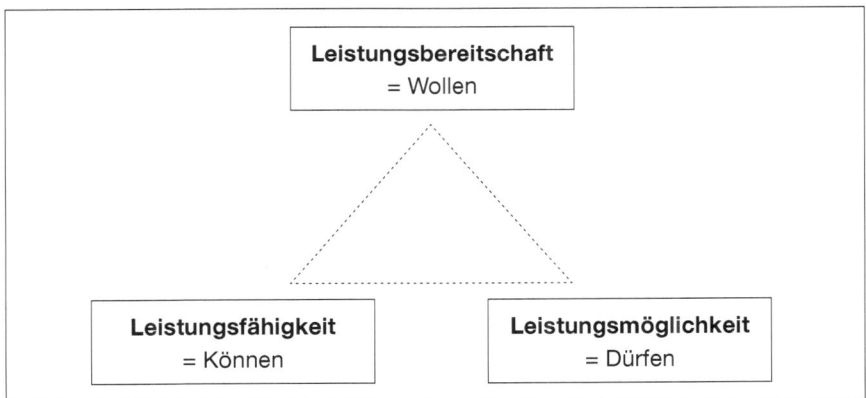

Abb. 10: Die drei Faktoren der Leistungsmotivation

Die Leistungsbereitschaft (das Wollen) kann nur vom Auszubildenden selbst ausgehen. Das muss uns klar sein. Denn wenn der Auszubildende nicht will, dann will er nicht (vielleicht weil er eine andere Ausbildung machen möchte, weil er ein Problem hat, usw.). Und da nützt es auch nichts, wenn wir versuchen, ihn mit allen Möglichkeiten, die uns zur Verfügung stehen, zu motivieren. Der US-Präsident Abraham Lincoln sagte einmal: *„Wie glücklich die Menschen sind, hängt vor allem davon ab, wie glücklich sie sein wollen."* Dieses Zitat beschreibt diesen Punkt sehr treffend. Selbstverständlich dürfen Sie dem Auszubildenden aber klar machen, dass sein Wollen (z. B. Leistung zu bringen, etwas zu Lernen, etc.) notwendig ist und dieses auch einfordern.

Die Leistungsfähigkeit (das Können) kann von der ausbildenden Fachkraft beeinflusst werden. Wenn der Auszubildende die Fähigkeiten nicht hat, die er zum Lösen einer Aufgabe benötigt, können und müssen wir ihm diese vermitteln. Dazu ist die Ausbildung da. Der Ausbildungsbeauftragte fördert das Können in Form von attraktiven Lernarrangements und aktivierender Lernmethoden.

Bei der Leistungsmöglichkeit (das Dürfen) hat der Ausbilder den größten Einfluss. Er kann hier mit einem entsprechenden Handlungsspielraum, den er dem Auszubildenden zugesteht, viel erreichen.

Aber mal eine ganz andere Frage: Was motiviert Sie eigentlich? Warum gehen Sie täglich in die Arbeit? Diese Frage stelle ich oft in meinen Seminaren. Der Jesuitenpater Albert Ziegler sagte hierzu einmal: *„Die Motivation der meisten Menschen früh morgens aufzustehen, besteht darin, dass sie pinkeln müssen."* Warum stehen Sie am Morgen auf? Ich hoffe, es gibt bei Ihnen noch andere Gründe. Die Antworten fallen sicher sehr unterschiedlich aus. Jeder Mensch ist anders und lässt sich durch andere Dinge motivieren. Es gibt nicht die eine Methode, mit der alle Auszubildenden motiviert werden können. Motivation ist also gar nicht so einfach.

Wir können zwischen einer primären und sekundären Motivation unterscheiden, die ich gleich noch weiter erklären werde.

Abb. 11: Extrinsische und intrinsische Motivation

a) Primäre Motivation (= intrinsische Motivation)
   Die primäre Motivation entsteht aus einem inneren Antrieb heraus. Sie taucht auf, wenn die Handlung selbst das Motiv für das Tun darstellt. Beispiele hierfür wären, wenn jemand Spaß an der Lösung schwieriger Aufgaben hat, das Streben nach verantwortungsvollen Tätigkeiten oder Streben nach Handlungsfreiheiten, persönlichen Entwicklungsmöglichkeiten und interessante Arbeitsinhalte.

b) Sekundäre Motivation (= extrinsische Motivation)
   Die sekundäre Motivation entsteht aufgrund einer äußeren Anregung. Wenn z. B. die Befriedigung von Bedürfnissen und nicht das Tun selbst als Handlungsmotiv ausschlaggebend ist. Als Beispiele können eine Gehaltserhöhung oder eine Beförderung genannt werden. Mit negativen Vorzeichen wären dies aber ebenso Gehaltsreduzierungen oder disziplinarische Maßnahmen.

Die sekundäre Motivation funktioniert schnell, hält allerdings nur kurzfristig an. Die primäre Motivation dagegen wirkt langfristig. Es dauert nur länger, bis man intrinsisch voll motiviert ist.

Nach einer Studie aus St. Gallen im Jahr 2008 sind für die junge Generation beide Anreize wichtig, intrinsische ebenso wie extrinsische.

Selbstmotivation war schon immer die stärkste Motivation. Daher finde ich die Ihnen vielleicht schon bekannte Aussage von Antoine de Saint-Exupéry in diesem Zusammenhang so gut passend: *„Wenn du ein Schiff bauen willst, so trommle nicht Männer zusammen, um Holz zu beschaffen, Werkzeuge vorzubereiten, Aufgaben zu vergeben und die Arbeit einzuteilen, sondern lehre die Männer die Sehnsucht nach dem weiten, endlosen Meer."*

Motivation ist im Endeffekt das Zusammenspiel mehrerer Motive. Und Motivation damit der Antrieb für das Wollen und Handeln, also der Beweggrund für ein Handeln in Verbindung mit einer Zielsetzung. Sehen wir uns das einmal in der nächsten Abbildung genauer an.

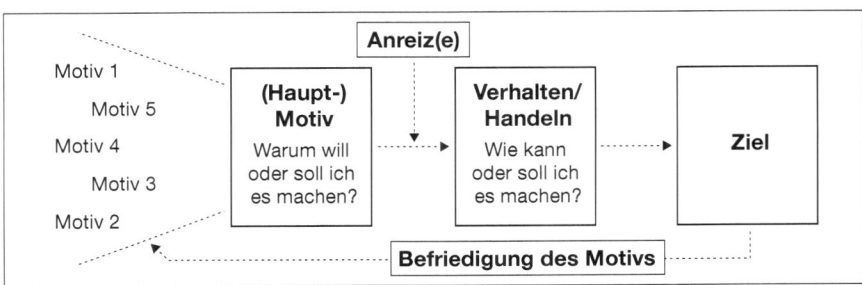

Abb. 12: Drei-Säulen-Modell der Motivation

Dazu ein Beispiel: Nehmen wir an, Ziel Ihres Auszubildenden ist es, die Ausbildung zu bestehen. Das Hauptmotiv, welches dahinter steht, könnte sein, dass er anschließend ein Studium beginnen möchte. Die vielen kleinen Motive dahinter sind vielleicht: Karriere machen, viel Geld verdienen, Ansehen erlangen, Macht haben, usw. Um vom Motiv zum Ziel zu kommen, zeigt der Auszubildende ein bestimmtes Verhalten. Er stellt z. B. einen Lernplan auf und lernt für die Prüfungen, um die Ausbildung erfolgreich und schnell abzuschließen.

Aber wie anders wären die Motive, wenn der Auszubildende das Hauptmotiv hat, mit der Ausbildung sein Hobby zu finanzieren? Oder das Hauptmotiv, es den Eltern recht zu machen, die wollten, dass er diesen Ausbildungsberuf erlernt?

Mit entsprechenden Anreizen können wir in diesem Fall nun ganz individuell ansetzen und Einfluss auf das Verhalten nehmen. Das ist bei Hunden nicht anders. Der eine Hund lässt sich mit einem Knochen zur Belohnung motivieren, der andere bevorzugt eine echte Wurst. Mit Anreizen zu motivieren funktioniert nur, wenn wir die Motive unseres Hundes bzw. Auszubildenden kennen. Und Sie merken sicher schon: Je nach Motiv, gilt es ganz andere Anreize zu setzen, die dann eine Wirkung haben – oder auch nicht. Nur passende Anreize führen zum erwünschten Verhalten. Skeptiker sprechen dann allerdings von Manipulation. Denn am Ende ist jeder Motivationsversuch von außen auch ein Manipulationsversuch.

Dennoch: Finden Sie heraus, was Ihren Auszubildenden begeistert und definieren Sie gemeinsam mit ihm Ziele. Selbstverständlich sollten diese SMART sein. Dazu haben Sie schon mehr in Kapitel 3.4 gehört. Und das ist schon die halbe Miete.

Kurz möchte ich jetzt noch auf drei Motivationstheorien eingehen. Damit bekommen Sie eine Reihe von Ansatzpunkten, wie Sie die Motivation von Auszubildenden erhöhen, aber auch verringern können. Letzteres darf natürlich nicht unser Ziel sein. Zudem sollten wir die schon angesprochene Individualität des Auszubildenden immer im Kopf haben.

Vielleicht haben Sie schon vom Yin-Yang-Prinzip der Motivation gehört. Dieses nutzt das Schmerz- und Freude-Prinzip. Nach diesen Prinzipien kann Motivation durch Druck oder Freude ausgelöst werden. Details dazu sehen Sie in der folgenden Abbildung.

Schmerz-Prinzip
- Schmerz vermeiden
- Weg von dem, was ich nicht möchte (Druck, Stress, Kummer, Angst)

Freude-Prinzip
- Freude gewinnen
- Hin zu Ziel, welches Freude, Spaß und Lust bereitet

Druck-Motivation
- Ermahnungen
- Abmahnungen
- Beurteilungen (bekannte und berechenbare Konsequenzen)

Freude-Motivation
- Vergünstigungen
- alle Formen der Anerkennung

Abb. 13: Yin-Yang-Prinzip der Motivation

Sehr bekannt ist bei den Motivationstheorien die Bedürfnispyramide von Maslow. Aus dieser können wir viele Anregungen für die Motivation von Auszubildenden nehmen. Werfen Sie hierzu einen Blick auf die Abbildung.

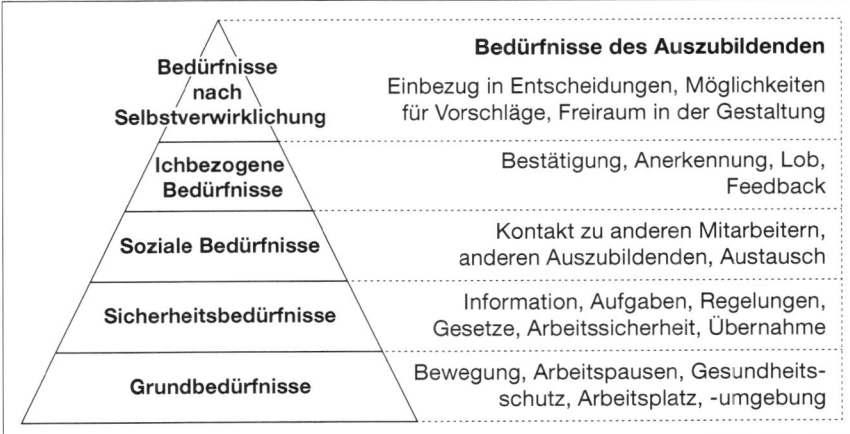

Abb. 14: Bedürfnispyramide nach Maslow

Von den Grundbedürfnissen bis zum Bedürfnis nach Selbstverwirklichung gibt es hier auf jeder Stufe viele Punkte, die Auszubildende motivieren und auf ihre jeweiligen Bedürfnisse eingehen. Als Azubiflüsterer fällt Ihnen da sicher noch viel mehr ein. Die Liste der Bedürfnisse dürfen Sie gerne noch erweitern.

Das letzte Motivationsmodell, welches ich ansprechen möchte, ist die Zwei-Faktoren-Theorie von Frederick Herzberg. Herzberg unterscheidet in seiner Studie zwischen Hygienefaktoren und Motivatoren.

- Hygienefaktoren lösen Unzufriedenheit aus, wenn sie den Auszubildenden nicht in befriedigendem Ausmaß zur Verfügung stehen. Sie bringen ihn aber nicht dazu härter oder besser zu arbeiten.
  Beispiele sind: Angemessene Bezahlung, ansprechende Arbeitsumgebung, Beziehung zu Kollegen, Vorgesetzten, Firmenpolitik, Status, Krisensicherheit des Ausbildungs- und Arbeitsplatzes.
- Motivatoren befriedigen dagegen die individuellen Bedürfnisse des einzelnen Mitarbeiters. Sie lösen Zufriedenheit aus und bringen den Auszubildenden dazu mehr zu leisten als bisher.
  Lob, Anerkennung, mehr Verantwortung, die Arbeit an sich, die Möglichkeit sich weiterzuentwickeln, Aufstiegsmöglichkeiten, Erfolgserlebnisse wären Beispiele für Motivatoren.

Faktoren, die zu Arbeitszufriedenheit führen, sind daher andere als jene, die zu Unzufriedenheit führen. Nach Herzberg ist das Gegenteil von Arbeitszufriedenheit nicht Arbeitsunzufriedenheit, sondern keine Arbeitszufriedenheit. Dies veranschaulicht die Abbildung 15 noch einmal grafisch.

Abb. 15: Zwei-Faktoren-Theorie von Frederick Herzberg

Dies ist eine gute Stelle, um Ihnen einen Hinweis zum oft diskutierten Thema Geld und Prämien als Motivationsinstrument zu geben. Eine angemessene Bezahlung muss natürlich vorhanden sein, damit jeder seine Grundbedürfnisse befriedigen kann. Dies haben wir schon bei Maslow in seiner Bedürfnispyramide gesehen. Aber danach bin ich mit mehr Geld nicht motivierter. Natürlich wünschen wir uns mehr Geld, aber es führt nicht zu mehr oder besserer Arbeit.

Anhand eines Beispiels aus der Forschung möchte ich dies erklären: Hier erhielten 200 Studenten den Auftrag, ein Puzzle zusammenzusetzen. Die eine Hälfte der Studenten wurde dafür bezahlt, die andere nicht. Sie wussten dies nicht voneinander und wurden in einen Raum geführt, in dem das Puzzle lag. Sie fingen an zu puzzeln und nach einiger Zeit wurde unter einem Vorwand abgebrochen und die Studenten um einen Augenblick Geduld gebeten. Während dieser Wartezeit puzzelten 82 % der nicht bezahlten Studenten weiter, aber nur 18 % der bezahlten. Dies ist eines der vielen Beispiele dafür, dass Motivation (insbesondere die so wichtige intrinsische Motivation) mit Hilfe von Geld sehr schnell sogar verringert werden kann.

Viel wichtiger sind hier die drei Fragen, die arbeits- und prozessorientiertes Lernen ermöglichen und Motivation in Gang setzen.

Das Ziel: **Was** soll ich erreichen?
Das Verhalten: **Wie** soll ich es erreichen?
Der Sinn: Warum und wozu soll ich es erreichen?

Ein Auszubildender, der erkennt, dass seine persönliche Leistung ein wichtiger Beitrag für die Firma, die Entstehung des Produkts usw. ist, gewinnt eine größere Motivation als ein anderer, der die Bedeutung seiner Tätigkeiten nicht klar erkennen kann. Motivation entsteht zu 80 Prozent aus dem „WARUM" und zu 20 Prozent aus dem „Was" und „Wie". Wenn ich weiß, warum ich etwas lerne, lerne ich nachhaltiger. Schreiben Sie doch einmal 8 Gründe auf, warum Sie etwas lernen (oder lassen Sie den Auszubildenden die Gründe für sein Lernen erarbeiten). Wenn wir uns des Sinns bewusst sind, macht Lernen mehr Spaß und wir lernen erfolgreicher.

Motivation stößt an Grenzen, wenn es dem Auszubildenden selbst am Willen (Leistungsbereitschaft, siehe Abbildung 10) und an einer Identifikation mit den erwarteten Handlungen fehlt. Ein Ausbildungsbeauftragter kann motivierende Rahmenbedingungen ermöglichen, aber nicht auf die Motivation des Auszubildenden selbst einwirken.

Wenn wir versuchen, unsere Auszubildenden permanent zu motivieren, zeigen wir damit auf der anderen Seite, dass wir ihre aktuelle Motivation anzweifeln oder für nicht ausreichend halten. Genau damit erreichen wir das Gegenteil, weil das die Auszubildenden demotiviert.

Der Grundsatz moderner Ausbildung besagt, dass wir Auszubildende fördern und fordern müssen. Bieten wir Freiräume an und kann der Auszubildende zwischen Lernformen und Handlungsfeldern wählen, wirkt sich dieses motivierend aus.

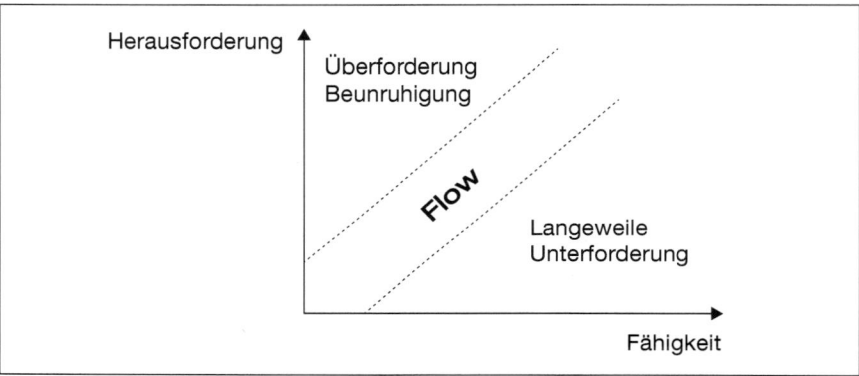

Abb. 16: Flow-Modell

Diesen Spannungsbogen sieht man sehr schön im oben dargestellten Flow-Modell von Mihaly Csikszentmihalyi. Herausfordernde Aufgaben im Flowbereich sind wichtig. Dabei sollten die oben schon erwähnten Erfolgserlebnisse geschaffen werden. Der Sport-Manager Ion Tiriac sagte einmal: *„Gibt es eine bessere Motivation als den Erfolg?"* Und vom Schriftsteller Gerhard Hauptmann ist die Aussage *„Sobald jemand in einer Sache Meister geworden ist, sollte er wieder zum Schüler werden."* bekannt. Gerade in der Ausbildung sollten wir dies beachten und die Ausbildungsinhalte spannend gestalten.

Tätigkeiten, die nicht so spannend sind und eher unterfordern, dürfen dem Auszubildenden natürlich auch übertragen werden. Wichtig ist es dabei, den Auszubildenden immer wieder in den Flowbereich zurück zu holen. Trotzdem höre ich hier von ausbildenden Fachkräften häufig, wie schwierig es ist, gerade Routineaufgaben motivierend zu vermitteln. Daher finden Sie auf der nächsten Seite ein paar Anregungen zur im kaufmännischen Bereich nicht sehr beliebten Aufgabe der Ablage.

Ergänzen Sie diese Liste. Welche Ideen haben Sie noch? Und plötzlich wird die Ablage ganz spannend. Überlegen Sie sich für Ihre Aufgaben und Tätigkeiten, wie Sie diese motivierend vermitteln können und welche Möglichkeiten Ihnen dazu einfallen. Vielleicht organisieren Sie mit der gesamten Abteilung ein kurzes Brainstorming dazu?

Motivierende Rahmenbedingungen schaffen wir auch, indem wir Leistungskultur vorleben und authentisch und verlässlich handeln. Behandeln wir unsere Auszubildenden wertschätzend und übergeben Verantwortung, wird uns Vertrauen und Motivation entgegengebracht.

Ablage spannend vermitteln

- Erklären Sie oder erarbeiten Sie gemeinsam den Sinn einer guten Ablage.
- Machen Sie klar, was passiert, wenn nicht richtig abgelegt wird.
- Wechseln Sie sich mit der Ablage ab. Es sollten nicht ausschließlich Auszubildende die Ablage übernehmen.
- Überlegen Sie gemeinsam, in welchen Situationen eine gute Ablage noch wichtig ist (innerhalb des Berufs, aber auch privat). Eine gute Ablage hilft zum Beispiel bei der jährlichen Einkommenssteuererklärung, die ich auf diese Weise viel schneller machen kann und Zeit spare. Oder: Ein gut sortierter Kleiderschrank hilft mir schnell und unkompliziert täglich das Passende zu finden.
- Machen Sie ein Spiel daraus. Wer legt schneller korrekt ab? Sie oder Ihr Auszubildender?
- Gestalten Sie die Ablage als festes Ritual und legen z. B. immer Freitag von 9-10 Uhr ab.
- Wer ein falsch abgelegtes Dokument findet, erhält eine kleine Belohnung.
- Während der Ablage wird gemeinsam gesungen (oder darf Musik gehört werden).
- …

Eine spannende Frage finde ich an dieser Stelle immer wieder: Wie demotiviere ich meinen Auszubildenden? Hier werden wir uns schnell bewusst, wie es nicht sein sollte und was auf der anderen Seite positiv auf die Motivation wirken wird. Haben Sie über diese Frage schon einmal nachgedacht? Wenn nicht, ist jetzt eine gute Gelegenheit dazu.

Um die Motivation zu verbessern können wir aus meiner Sicht an drei Themenbereichen ansetzen. Das ist zum einen das Umfeld (die Rahmenbedingungen), zum anderen wir selbst als Ausbildungsbeauftragte und das sind auch die Auszubildenden. Wie Azubiflüsterer diese drei Bereiche motivierend gestalten können, dazu erhalten Sie nun weitere Informationen und Tipps.

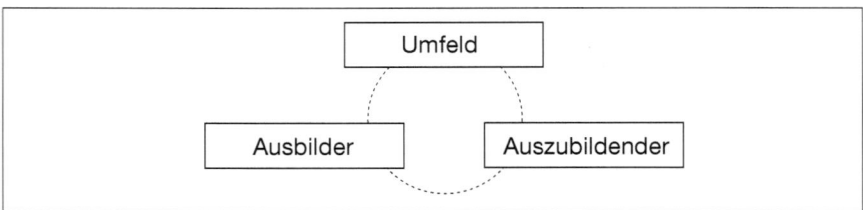

Abb. 17: Drei mögliche Bereiche zur Motivationserhöhung

1. Umfeld

Hier können wir Rahmenbedingungen schaffen, die es den Auszubildenden ermöglichen, ihre mitgebrachte Motivation auszuleben.

Dies fängt bei einem guten Betriebsklima an, geht über einen optimal ausgestatteten Arbeitsplatz (wie auch jeder Mitarbeiter diesen hat) und rechtliche Themen bis zur möglichen Nutzung der Sozialen Medien. Außerdem darf der Stellenwert der Berufsausbildung im Unternehmen hier nicht unterschätzt werden.

Der folgenden Checkliste, mit weiteren Tipps zu einem motivierenden Umfeld, können Sie noch weitere Anregungen entnehmen. Die Liste darf zudem gerne von Ihnen ergänzt werden, daher habe ich Ihnen am Ende jeder Liste ein bisschen Platz dafür frei gelassen.

Umfeld

Haben Sie ein gutes Betriebsklima?	☐ ja	☐ nein
Ist die Ausstattung des Arbeitsplatzes der Auszubildenden genauso gut wie bei den Mitarbeitern?	☐ ja	☐ nein
Ist im Betrieb ein hoher Stellenwert der Berufsausbildung vorhanden und werden die Auszubildenden vom Management geschätzt?	☐ ja	☐ nein
Sind die Auszubildenden auch bei den Kollegen akzeptiert?	☐ ja	☐ nein
Gibt es eine angemessene Ausbildungsvergütung, die rechtzeitig ausbezahlt wird?	☐ ja	☐ nein
Herrscht ein angstfreies Klima?	☐ ja	☐ nein
Werden die gesetzlichen Regeln und die Vorschriften der Arbeitssicherheit eingehalten?	☐ ja	☐ nein
Gibt es ab und zu ein kleines Dankeschön (Geschenk)?	☐ ja	☐ nein

Wird auf Work-Life-Balance geachtet? ☐ ja ☐ nein

Ist die Nutzung der Social Medias möglich? ☐ ja ☐ nein

☐ ja ☐ nein

☐ ja ☐ nein

2. Ausbildungsbeauftragte

Augustus sagte einmal: *„In Dir muss brennen, was Du in anderen entzünden willst."*
Daher spielt die Motivation der ausbildenden Fachkräfte schon eine große Rolle.
Eine aktuelle Studie von Professor Martin Korte hat übrigens herausgefunden, dass
bei Lehrern die Einstellung zum eigenen Schulfach wichtiger für den Lernerfolg
ist, als die didaktischen Fähigkeiten des Lehrers. Die Einstellung macht es aus.
Besonders entscheidend für die Motivation der Auszubildenden ist es, diese
durch die richtigen Instrumente zu fördern und zu fordern. Das bedeutet natürlich
unterschiedliche Maßnahmen für leistungsstarke und schwächere Auszubildende.
Auch das schon angesprochene situative Führungsverhalten gehört hier dazu.

Als Ausbildungsbeauftragter haben Sie über vier Bereiche noch weiteren Einfluss
auf die Motivation Ihres Auszubildenden: die Kommunikation, soziale Aktivitäten,
eingesetzte Lehrmethoden und die Mitbestimmung. Die meisten Punkte wurden
schon im Verlauf dieses Buches angesprochen. Sehen Sie sich die wichtigsten
Themen einfach noch einmal in der zusammenfassenden Checkliste an.

Azubibetreuer (allgemein)

Sind Sie selbst motiviert? ☐ ja ☐ nein

Wird ein wertschätzender und respektvoller Umgang mit den
Auszubildenden gepflegt? ☐ ja ☐ nein

Wird von motivierten Auszubildenden ausgegangen? ☐ ja ☐ nein

Sind Sie Vorbild und verhalten sich authentisch? ☐ ja ☐ nein

Werden Erfolge der Auszubildenden als solche dargestellt? ☐ ja ☐ nein

Wissen Sie um Werte und Einstellungen der jungen Generation? ☐ ja ☐ nein

Werden die Auszubildenden individuell gefördert? ☐ ja ☐ nein

Führen Sie situativ? □ ja □ nein

Wird konsequent gehandelt? □ ja □ nein

Zeigen Sie Interesse am Auszubildenden und nehmen sich ausreichend Zeit? □ ja □ nein

Sind Sie für die Funktion als Ausbildungsbeauftragter qualifiziert und können sich fortbilden? □ ja □ nein

Reflektieren Sie Ihre Tätigkeit? □ ja □ nein

Azubibetreuer (wirkungsvolle Kommunikation)

Führen Sie regelmäßig Feedbackgespräche? □ ja □ nein

Werden Erwartungen von Anfang an kommuniziert? □ ja □ nein

Zeigen Sie den Auszubildenden ihre Stärken und Schwächen auf? □ ja □ nein

Werden realistische Zielvereinbarungen gemeinsam erarbeitet? □ ja □ nein

Loben Sie ausreichend? □ ja □ nein

Wird klar und deutlich kommuniziert? □ ja □ nein

Ist ein Austausch von Meinungen möglich? □ ja □ nein

Wird das Wort „noch" verwendet? □ ja □ nein

Sind Sie aufgeschlossen gegenüber Fragen und Einstellungen der Auszubildenden? □ ja □ nein

Azubibetreuer (soziale Aktivitäten)

Werden die Auszubildenden in die Abteilung integriert? □ ja □ nein

Beteiligen Sie diese an Besprechungen und Veranstaltungen? □ ja □ nein

Gibt es gemeinsame Events? □ ja □ nein

Azubibetreuer (moderne Lehrmethoden)

Bekommen die Auszubildenden herausfordernde und abwechslungsreiche Aufgaben, die Spaß machen? ☐ ja ☐ nein

Wird der Sinn der Tätigkeiten erklärt? ☐ ja ☐ nein

Wird mit Emotionen gearbeitet? ☐ ja ☐ nein

Werden Erfolgserlebnisse geschaffen? ☐ ja ☐ nein

Wird Verantwortung übertragen? ☐ ja ☐ nein

Hat Ihr Auszubildender einen eigenen Handlungsspielraum? ☐ ja ☐ nein

Werden moderne Lehrmethoden angewandt? ☐ ja ☐ nein

Dürfen Auszubildende ihre Ergebnisse selbst präsentieren? ☐ ja ☐ nein

Azubibetreuer (Mitbestimmung)

Erhalten die Auszubildenden alle firmenspezifischen, wie abteilungsrelevanten Informationen? ☐ ja ☐ nein

Werden Auszubildende an Entscheidungen beteiligt? ☐ ja ☐ nein

Wird zu Vorschlägen ermutigt? ☐ ja ☐ nein

Nutzen Sie Wissen und Erfahrung der Auszubildenden? ☐ ja ☐ nein

Bieten Sie eine „Mitmachausbildung" an? ☐ ja ☐ nein

☐ ja ☐ nein

☐ ja ☐ nein

3. Ansatz beim Auszubildenden

Motivieren muss sich unser Auszubildender selbst. Wir können und sollten ihn aber unterstützen, seine Eigenmotivation zu erhöhen. Dabei gilt es Herauszufinden, wann die Augen unseres Auszubildenden leuchten.

Auszubildender

....

Wird die Eigenmotivation beim Auszubildenden erkannt und
gefördert? Durch
* Beobachten des Auszubildenden
* Zeigen von Interesse   ☐ ja ☐ nein
* Nachfragen
* Übernehmen von Bewährtem

....

Werden Motive und Bedürfnisse des Auszubildenden gesucht?   ☐ ja ☐ nein

....

Werden darauf abgestimmt Anreize gesetzt?   ☐ ja ☐ nein

....

                                                            ☐ ja ☐ nein

....

                                                            ☐ ja ☐ nein

....

Müssen wir den Auszubildenden eigentlich immer motivieren? Wir sollten nicht
ständig versuchen, ihn zu motivieren. Das kann für Auszubildende durchaus
unangenehm oder demotivierend sein (weil wir ihm damit mangelnde Motivation
unterstellen). Manchmal ist es besser, den Auszubildenden einfach zu lassen, das
Gespräch bzw. die Unterstützung anzubieten und zu warten, bis er von selbst
kommt. So wie auch unser Hund durchaus von alleine wieder zu uns zurückkommt,
sobald er uns braucht.

5.2 Wie motiviere ich mich selbst?

Haben Sie immer gute Laune, wenn Sie mit Ihrem Auszubildenden arbeiten?
Wahrscheinlich nicht. Und das ist ganz normal. Wir sind ja alle nicht jeden Morgen gleich fit – auch Azubiflüsterer nicht. Dennoch sollten wir uns bewusst sein,
welchen großen Einfluss wir als Ausbildungsbeauftragte auf die Motivation unserer
Auszubildenden haben. Daher widme ich diesem Thema ein ganzes Unterkapitel.
Denn unsere Motivation hat einen Einfluss auf die Motivation der Azubis und dieser
ist größer als wir vielleicht auf den ersten Blick denken!

Stellen Sie sich vor, Sie sind Auszubildender und Ihr Azubibetreuer ist demotiviert.
Ihm macht die Arbeit keinen Spaß und er spricht schlecht von der Firma. Wie
schnell würde da Ihre eigene Motivation sinken? Und auch in der Umfrage des
Niedersächsischen Industrie- und Handelskammertages, die ich in Kapitel 2 schon

einmal erwähnt habe, stehen die motivierten Fachkräfte auf der Wunschliste der Auszubildenden weit oben. Werfen Sie gleich noch einmal einen Blick auf Abbildung 2. Sind Sie sich bewusst, dass wir uns gegenseitig demotivieren und auch motivieren können.

Wie können wir uns selbst motivieren? Dabei müssen wir uns klar darüber werden, dass wir es selbst in der Hand haben, wie wir mit den erlebten Situationen umgehen und wie wir handeln. Nicola Fritze beschreibt in ihrem Buch „Motivier Dich selbst – sonst macht's ja keiner!" drei Reaktionen, bei denen wir ansetzen können: unserer Wahrnehmung, unserem Denken und unserem Handeln. In Anlehnung an Nicola Fritze gehe ich nun auf diese drei Punkte und ihre Bedeutung in der Ausbildung ein.

Starten wir mit der eigenen Betrachtung der Situation (Wahrnehmung). Hier sollte uns bewusst sein, dass es immer unsere eigene Interpretation der Sachlage und unserer Gefühle ist, wie wir auf eine Situation reagieren. Bevor wir interpretieren gilt es, zuerst möglichst sachlich zu bleiben und erst einmal zu beobachten.
Wie motivieren Sie sich selbst? Wissen Sie das? Ist es das große Ziel, ein Hobby oder Schokolade? Oder etwas anderes? Sie sollten es wissen, das werden wir später noch brauchen.
Hier ein paar Fragestellungen, wie Sie sich mit Hilfe einer veränderten Wahrnehmung motivieren können.

Betrachtung der Situation

- Wie motivieren Sie sich selbst?
- Was können wir vom Auszubildenden lernen?
- Was würden Sie einem Freund in Ihrer Situation raten?
- Machen Sie sich Fortschritte beim Auszubildenden bewusst und freuen Sie sich darüber.
- Tun Sie so, als sähen Sie die Auszubildende zum 1. Mal, als lernten Sie sich gerade erst kennen.
- Interpretieren Sie nicht.

Sehr schön finde ich hier auch eine Grundhaltung und ein Bewusstsein, dass jeder Mensch innerhalb seiner Möglichkeiten immer das Beste gibt. Dadurch treten wir vielen Situationen gelassener gegenüber.

Der zweite Punkt, mit dem wir unsere Motivation verändern können, spielt sich in unseren Gedanken ab. Denken Sie immer nur an negative Konsequenzen? Oder sehen Sie auch das Gute an auf den ersten Blick schwierigen Situationen? Genau darum geht ist nun.

Unsere Gedanken

- Wie würde ich mich verhalten, wenn ich anders Denken würde?
- Wie müsste ich denken, um motivierter zu sein?
- Was ist das Gute an dieser Situation?
- Was würde ein Außenstehender über diese Situation denken?
- Interessieren Sie sich für die Sichtweise Ihres Auszubildenden: *„Wie kommen Sie zu der Meinung?"*
- Fragen Sie Ihren Auszubildenden: *„Was kann ich tun, damit Sie motiviert sind?"*
- Denken Sie weniger von „müssen", sondern mehr im „wollen" und „dürfen".
- Was könnte ich tun, damit die Situation noch viel schlimmer wird?
- Denken Sie positiv und visualisieren Sie Ihre Erfolgserlebnisse.
- Drücken Sie Ihr Lob positiv aus. (Sagen Sie nicht *„Der Bericht ist nicht schlecht formuliert."*, sondern *„Das war ein gut formulierter Bericht."*)

Damit kommen wir schon zum dritten und letzten Punkt, dem Tun. Handeln wir so, dass wir selbst motiviert sein können. Passt unsere Körpersprache zu einer positiven Stimmung? Mit hängenden Schultern und gestresster Mimik können wir nicht motiviert sein. Unsere Körpersprache beeinflusst unsere Stimmung. Versetzen Sie sich ganz bewusst in gute Stimmung. Ich hoffe, Sie haben sich inzwischen überlegt, was Sie dazu brauchen. Schokolade oder Joggen in der Früh? Ich kann mich zum Beispiel durch Musik in gute Stimmung versetzen und höre daher in der Früh auf der Fahrt zum Training oder Vortrag gerne Musik. Damit bin ich dann, wenn ich am Seminarort ankomme, gut gelaunt.

Tun

- Versetzen Sie sich in gute Laune.
- Machen Sie sich den Sinn Ihrer Funktion als Ausbildungsbeauftragter klar. (Was bringt es Ihnen? Was hat der Auszubildende davon?)
- Starten Sie mit dem unangenehmsten Thema oder der schwierigsten Aufgabe.
- Feiern Sie Ihre Erfolge und belohnen Sie sich.
- Machen Sie sich Ihre eigenen Stärken bewusst und auch alles, worauf Sie stolz sind in Ihrem Leben.
- Suchen Sie Unterstützung und Austausch mit anderen Ausbildungsbeauftragten.
- Erkennen und akzeptieren Sie Ihre eigenen Grenzen.

5.3 Checkliste „Motivation"

Auch im letzten Kapitel darf die abschließende Checkliste nicht fehlen. Ich wünsche Ihnen viel Spaß bei der Motivation Ihres Auszubildenden und bei der Erhöhung Ihrer eigenen Motivation.

Sind Ihnen die Grundlagen der Motivation bewusst?	☐ ja	☐ nein
Ist Ihnen der Unterschied zwischen extrinsischer und intrinsischer Motivation bewusst?	☐ ja	☐ nein
Kennen Sie die drei Fragestellungen, mit denen Lernen ermöglicht wird?	☐ ja	☐ nein
Schaffen Sie motivierende Rahmenbedingungen?	☐ ja	☐ nein
Sind Sie selbst motivierend?	☐ ja	☐ nein
• Ihre Kommunikation?	☐ ja	☐ nein
• soziale Aktivitäten?	☐ ja	☐ nein
• Ihre Lehrmethoden?	☐ ja	☐ nein
• die Beteiligung der Auszubildenden?	☐ ja	☐ nein
Erkennen und fördern Sie die Eigenmotivation Ihres Auszubildenden?	☐ ja	☐ nein
Setzen Sie passende (individuelle) Anreize?	☐ ja	☐ nein
Sind Sie selbst ausreichend motiviert?	☐ ja	☐ nein
Nehmen Sie motivierend wahr?	☐ ja	☐ nein
Denken Sie motivierend?	☐ ja	☐ nein
Handeln Sie motivierend?	☐ ja	☐ nein

Und wie geht es weiter?

Sie haben nun die wichtigsten Dinge erfahren, die Sie bei der Betreuung Ihres Auszubildenden wissen und beachten sollten. Mein Ziel war es, Ihnen dies möglichst einfach, kurz und knapp darzustellen. Ich hoffe, es ist mir geglückt!?
Ausbilden ist nicht einfach, aber es kann ganz viel Spaß machen. Hatten Sie manchmal beim Lesen ein Lächeln auf den Lippen? Das würde mich sehr freuen.

Wenn ich nun so einen Blick über alle Kapitel werfe, sehe ich, dass das Kapitel zu den Lehrmethoden gar nicht zu den längsten Kapiteln gehört. Manche von Ihnen haben sich vielleicht auch darüber gewundert. Dabei passt das sehr gut mit meiner Erfahrung in der betrieblichen Ausbildung zusammen. Denn wenn Probleme in der Zusammenarbeit zwischen Ausbildungsbeauftragte und Auszubildende entstehen, sind dies meist Kommunikationsprobleme und fehlendes Verständnis für die andere Person. An den angewandten Lehrmethoden liegt das viel weniger und das spiegelt sich nun natürlich in diesem Buch auch wieder.

Haben Sie die Checklisten durchgearbeitet? Wo sind die Themen, zu denen Sie noch mehr wissen möchten oder Sie etwas verändern möchten und müssen? Gehen Sie bei Bedarf auf Ihren hauptamtlichen Ausbilder oder Ihren Vorgesetzten zu. Diese können Ihnen firmenspezifische Fragen beantworten und sollten Sie bei Ihrer Funktion unterstützen. Oder regen Sie eine Weiterbildung für alle Ausbildungsbeauftragten an. Gerne unterstütze ich Sie dabei.
Alle Checklisten, die Sie in diesem Buch finden, stehen Ihnen als Leser übrigens zum kostenlosen Download auf meiner Homepage unter www.bleumortier.de zur Verfügung. Sie finden diese in der Rubrik Services und dem Unterpunkt Downloads. Geben Sie dort bitte das Passwort „Azubifluesterer2014" ein.

Ich freue mich über Ihre Rückmeldung zu diesem Buch und Ihre Erfahrungen. Sie können mir gerne eine Mail unter info@bleumortier.de zuschicken.

Ein Ausbildernetzwerk zum gegenseitigen Austausch biete ich über die XING-Gruppe ERFOLGREICH AUSBILDEN an. Möchten Sie das nächste neue Gruppenmitglied werden? Oder sind Sie in Facebook aktiv? Dann dürfen Sie gerne Fan meiner Seite „Sabine Bleumortier – ERFOLGREICH AUSBILDEN" werden und erhalten regelmäßig Tipps, die Ihren Ausbildungsalltag erleichtern.

Jetzt sind Sie an der Reihe. Übernehmen Sie und werden Sie zum Azubiflüsterer.

Ich wünsche Ihnen viel Erfolg.

Über die Autorin

Sabine Bleumortier ist Ausbildungsexpertin und arbeitet seit 2007 als selbstständige Beraterin, Trainerin und Rednerin rund um das Thema Berufsausbildung. Dabei hat sie sich ganz auf die Zielgruppe der Ausbilder / Ausbildungsbeauftragten und Auszubildenden spezialisiert.

Sie berät Ausbildungsbetriebe und hält deutschlandweit Seminare zur Ausbilder-qualifizierung für haupt- wie nebenberufliche Ausbilder und ausbildende Fachkräfte. Zudem führt sie Trainings für Auszubildende zu den Themen Umgangsformen, Telefonieren und Präsentieren durch. Vorträge und Keynotes zu Ausbildungsthemen runden ihr Angebot ab.

Zuvor war sie acht Jahre als Ausbildungsleiterin eines international agierenden Industrieunternehmens tätig. Zu ihren Kunden gehören Mittelständler wie Groß-unternehmen.

Sie ist Dipl.-Ökonomin (Univ.), geprüfte Trainerin und Beraterin BaTB/BDVT und ausgebildete Repräsentations-Trainerin. 2011 hat Sie als Jahrgangsbeste die Ausbildung zum Professional Speaker GSA (SHB) abgeschlossen.

Ihr erstes Fachbuch „Ausbildungsbeauftragte gewinnen, qualifizieren, und motivieren" wurde bereits 2009 bei Christiani veröffentlicht. Sabine Bleumortier schreibt regelmäßig Fachartikel zu Ausbildungsthemen.

Weitere Informationen finden Sie unter www.bleumortier.de.

Abbildungsverzeichnis

Abb. 1:	5 Generationen in der Arbeitswelt	22
Abb. 2:	Was Jugendliche von Unternehmen erwarten	26
Abb. 3:	Regelung für Mitarbeiter zur Arbeitszeit	36
Abb. 4:	Sender-Empfänger-Modell	62
Abb. 5:	Die vier Seiten einer Nachricht	63
Abb. 6:	Einflüsse und Konfliktsignale	77
Abb. 7:	Beurteilungsprozess	84
Abb. 8:	Kompetenzen der beruflichen Handlungsfähigkeit	98
Abb. 9:	Lernkurve nach Hermann Ebbinghaus	101
Abb. 10:	Die drei Faktoren der Leistungsmotivation	113
Abb. 11:	Extrinsische und intrinsische Motivation	114
Abb. 12:	Drei-Säulen-Modell der Motivation	115
Abb. 13:	Yin-Yang-Prinzip der Motivation	117
Abb. 14:	Bedürfnispyramide nach Maslow	117
Abb. 15:	Zwei-Faktoren-Theorie von Frederick Herzberg	118
Abb. 16:	Flow-Modell	120
Abb. 17:	Drei mögliche Bereiche zur Motivationserhöhung	122

Quellen- und Literaturverzeichnis

Albert/Hurrelmann/Quenzel/TNS Infratest Sozialforschung: Jugend 2010, 16. Shell Jugendstudie, Fischer Taschenbuch Verlag, Frankfurt am Main, 2011

Albert/Hurrelmann/Quenzel/TNS Infratest Sozialforschung: Jugend 2015, 17. Shell Jugendstudie, Fischer Taschenbuch Verlag, Frankfurt am Main, 2015

Asgodom, Sabine: So coache ich, Kösel-Verlag, München, 2012

Benien, Karl: Schwierige Gespräche führen, Rowohlt Taschenbuch Verlag, Hamburg, 2003

Bleumortier, Sabine: Ausbildungsbeauftragte gewinnen, qualifizieren und motivieren, Dr.-Ing. Paul Christiani GmbH & Co. KG, Konstanz, 2009

Bleumortier, Sabine: Neue Ausbilder braucht das Land – vom Ausbilder0 zum Ausbilder 3.0; in: Bildungspraxis, Dr.-Ing. Paul Christiani GmbH & Co. KG, Konstanz, 2013

Borbonus, René: Respekt!, Ullstein Buchverlage GmbH, Berlin, 2011

Britten, Uwe: Ein erfolgreicher Ausbildungsabschluss ist kein Zufall, Dr.-Ing. Paul Christiani GmbH & Co. KG, Konstanz, 2009

Buckert, Andreas/Kluge, Michael: Der Ausbilder als Coach, Deutscher Wirtschaftsdienst, Köln, 5. Auflage 2013

Bundesministerium für Bildung und Forschung (Hrsg.): Ausbildung & Beruf, 2012

Cramer/Dietl/Schmidt/Wittwer (Hrsg.): PersonalAusbilden, Deutscher Wirtschaftsdienst, Köln, Loseblattsammlung

Csikszentmihalyi, Mihaly: Flow im Beruf, Klett-Cotta, 2004

Fritze, Nicola: Motivier Dich selbst – sonst macht's ja keiner!, Südwest Verlag, 2013

Grundl, Boris: Die Zeit der Macher ist vorbei – Warum wir neue Vorbilder brauchen, Ullstein Buchverlage GmbH, Berlin, 2012

Heuler, Oliver: Jenseits der Scores, Books on Demand GmbH, 2002

Holz, Heike: Knips Dein Licht an, Books on Demand GmbH, 2012

Hüther, Gerald/Hauser, Uli: Jedes Kind ist hochbegabt, Albrecht Knaus Verlag, München, 2012

Kluge, Michael: Der Ausbilder als Beziehungsmanager, Deutscher Wirtschaftsdienst, Köln, 2003

Landes-Gewerbeförderungsstelle des nordrhein-westfälischen Handwerks e.V. (LGH) (Hrsg.): So nicht! Filmsequenzen zum Umgang mit Konflikten in der beruflichen Ausbildung für Unterricht und Schulung, Begleitheft und DVD, 2007

Lienhart, Andrea: Respekt, in: Coaching heute – das Internet-Magazin, Ausgabe Mai 2011, Hrsg. Sabine Asgodom

Magazin SCHULE: Ausgabe 4/2013, Wörterwelt GmbH, 2013

Scholz, Christian: Generation Z, Wiley-VCH Verlag & Co. KGaA, 2014

Schulz von Thun, Friedemann: Miteinander reden 1-3, Rowohlt Taschenbuch Verlag GmbH, 2003

Sprenger, K. Reinhard: Mythos Motivation, Campus Verlag, Frankfurt/Main, 1997

Weißer, Marco: Die selten beherrschte Kunst der richtigen Ausbildung, Frankfurter Taschenbuchverlag, Frankfurt am Main, 2011